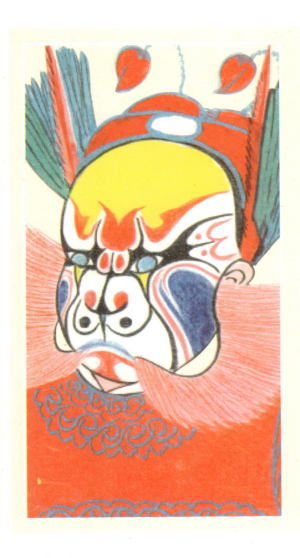

中国戏曲脸谱

秦腔历代故事戏脸谱

高登云 撰文 绘图

上

学苑出版社

凡　例

一、脸谱是中国传统戏的舞台艺术有机组成部分之一，离开戏曲舞台，这些色彩纹样也就失掉了其原意。本书所收录的脸谱，皆以此为原则。

二、本书的结构，以戏曲故事所发生的朝代为单元，朝代不明者单独归为一类。

三、本书的顺序，大体按戏曲故事所发生时间的早晚排列。

Facial Patterns of Shaanxi Opera

Shaanxi Opera (Qinqiang) is one of the earliest types among the Chinese Operas. As early as 1930s, Mr. Qi Ru-shan, the Chinese Opera theorist, put it this way in his article entitled *Chinese Opera Originated in Northwest China*, "If a Chinese wants to study opera, he must go to Northwest China. If a foreigner wants to study Chinese opera, he must go to Northwest China as well." He also asserted, "If one wants to study the original rules of the opera, he must trace back to its origin and start from Shaanxi Opera."

The Central Shaanxi Plain is the cradle of ancient Chinese civilization. Uprooted in this fertile land, Shaanxi Opera has combined the wisdom, talent and personalities of Shaanxi people, with its resounding and vigorous melodies, becoming the rare flower in the assorted garden of Chinese opera culture.

In the mid and late Ming Dynasty, Shaanxi Opera has developed into its full shape. During Qing Dynasty which lasted more than 200 years, Shaanxi Opera has become the leading opera in China, being sung throughout the nation, both inside and outside the Great Wall, thus having profound impact on the development of the other operas such as Peking Opera (Jingju), He'nan Opera (Yuju), Sichuan Opera (Chuanju), Cantonese Opera (Yueju) and Hubei Opera (Hanju), etc.

The facial patterns of Shaanxi Opera, an integrated part of the stagecraft of Shaanxi Opera, has developed into a whole system of its own and has been preserved up to date. As to the characteristics of the facial patterns of Shaanxi Opera, as well as the relationship between the facial patterns of Shaanxi Opera and those of Peking Opera, Mr. Liu Zeng-fu, the more-than-90-year-old famous Peking Opera theorist and master of Peking Opera facial pattern painter, has commented in his book, *The Introduction of Shaanxi Opera Facial Patterns*, "During the process of development, Peking Opera has naturally assimilated some useful experiences from the other operas such as Shaanxi Opera, including the facial patterns. Generally, the facial patterns of Shaanxi Opera are more complicated than the current painted faces of Peking Opera, especially in the way of painting the lines and colored patches in the eyebrows and eyes of the faces. Despite the simplicity and regularity of the current facial pattern of the painted face male (Jingjue) in Peking Opera, the earlier versions of the facial patterns of many broken face (Suilian) and crooked face (Wailian) in Peking Opera were actually irregular. The complication of the facial patterns of Shaanxi Opera reveals that they are more classical than the current role of the painted face male in Peking Opera...Many facial patterns in Shaanxi Opera do not have many differences with those of Peking Opera, for example, Guan Yu, Bao Zheng, Meng Liang, Jiao Zan, Huyan Zan, Li Yuanba, etc.... It is traditionally believed in the circle of Peking Opera that the crooked lines of the facial patterns of Shaanxi Opera are the best-painted ones. There are not so many crooked faces in the painted face male of current Peking Opera, but in the early versions there were good many. Some early characters such as Xiahou Yuan in *Ding Jun Shan* , Xu Chu in *Fan Xi Liang* , Qing Mian Hu in *Bai Shui Tan* used to be drawn crooked, but now they have all been converted into straight faces (Zhen lian) in current Peking Opera. Today the application of crooked faces in the painted face male facial pattern is not as classical as that of Shaanxi Opera."

As time goes by, Shaanxi Opera has been facing declining. Not many works of Shaanxi Opera facial patterns have been existed, nor many people know about this art. In order to rescue and preserve this precious cultural heritage, we visited the Central Shaanxi Plain and interviewed many old troupes and societies with more than 100 years history, such as Yi Su Troupe and San Yi Troupe. We have discovered a repertoire of more than two thousand Shaanxi Opera facial patterns, most of which are the last pieces of the old artists, especially the ones which can be called national treasure —— " Ancient Shaanxi Opera Facial Patterns of Ming Dynasty " and other facial patterns painted by people in Qing Dynasty, which basically reflected the holistic picture of Shaanxi Opera. After the refined selection, they have been compiled into four volumes, *Facial Patterns of Shaanxi Opera of Yi Su Troupe, Facial Patterns of Shaanxi Opera of San Yi Troupe, Facial Patterns of Shaanxi Opera of Zhang in Pu Cheng* and *Facial Patterns of Shaanxi Opera in Different Dynasties with their Stories.* It is now coming out and being published in the hope of saving the treasures and passing down to the later generations.

目 录

刘曾复·中国戏曲脸谱概说（代总序）
高登云·秦腔脸谱艺术浅说

上古及殷商故事戏 ○○一
春秋战国故事戏 ○一五
秦代故事戏 ○六一
西汉故事戏 ○七三
新莽及东汉故事戏 ○八九
三国故事戏 一○一
唐代故事戏 一三五
五代故事戏 二○一
宋代故事戏 二一三
元代故事戏 二六三
明代故事戏 二七九
清代故事戏 三三五
朝代不明故事戏 三四七

秦腔历代故事戏脸谱

中国戏曲脸谱

上古及殷商故事戏

- 洗耳记 …… 〇三
- 大舜耕田 …… 〇四
- 征三苗 …… 〇五
- 进妲己 …… 〇六
- 百子图 …… 〇八
- 陈塘关 …… 〇九
- 炮烙柱 …… 一〇
- 反五关 …… 一〇
- 黄河阵 …… 一一
- 绝龙岭 …… 一二
- 三山关 …… 一二
- 西岐山 …… 一三
- 降七怪 …… 一三

春秋战国故事戏

- 回斗关 …… 一七
- 黄逼宫 …… 一七
- 罚子都 …… 一八
- 清河桥 …… 一八
- 闹朝击犬 …… 一九
- 老人结草兀杜回 …… 二〇
- 搜孤救孤 …… 二一
- 赵氏孤儿大报仇 …… 二一
- 二桃害三杰 …… 二二
- 临潼斗宝 …… 二三
- 乱楚宫 …… 二四
- 武昭关 …… 二九
- 出棠邑 …… 三〇
- 鱼藏剑 …… 三一
- 要离刺庆忌 …… 三一
- 太湖城 …… 三二
- 战郢城 …… 三三
- 夹谷会 …… 三四
- 卧薪尝胆 …… 三四
- 赤桥 …… 三六
- 兴秦图 …… 三七
- 河神娶妻 …… 三八
- 中山羹 …… 三八
- 庞涓摔纸盆子 …… 三九
- 马陵道 …… 四〇
- 五雷阵 …… 四〇
- 战春秋 …… 四一
- 棋盘会 …… 四一
- 双义节 …… 四二
- 激友 …… 四三
- 孟尝君 …… 四四
- 黄金台 …… 四四
- 火牛阵 …… 四五
- 完璧归赵 …… 四六
- 赠绨袍 …… 四七
- 盗虎符 …… 四八
- 白鹦鹉 …… 四九
- 童年高位 …… 五〇
- 屈原 …… 五〇
- 荆轲刺秦 …… 五三
- 王翦观营 …… 五四
- 桑园会 …… 五五
- 聂嫈怨 …… 五五
- 大劈棺 …… 五五
- 敲骨求金 …… 五六
- 鞭打芦花 …… 五六
- 孟母三迁 …… 五六
- 羊角哀 …… 五七
- 伯牙奉琴 …… 五八
- 老莱子 …… 五九

秦代故事戏

- 大郑宫 …… 六三
- 王翦灭六国 …… 六四
- 哭长城 …… 六五
- 打城隍 …… 六五
- 宇宙锋 …… 六六
- 博浪锥 …… 六七
- 圯桥进履 …… 六八
- 霸王遇虞姬 …… 六八
- 九战章邯 …… 六八
- 鸿门宴 …… 六九
- 韩信 …… 七〇
- 萧何月下追韩信 …… 七〇
- 霸王别虞姬 …… 七一

西汉故事戏

- 纪母骂刘邦 …… 七五
- 未央宫 …… 七五
- 剐彻上油锅 …… 七六
- 斩彭越 …… 七六
- 反长安 …… 七七
- 斩萧何 …… 七七
- 斩戚姬 …… 七八
- 监酒令 …… 七八
- 盗宗卷 …… 七九
- 左祖安刘 …… 七九
- 淮河营 …… 八〇
- 除肉刑 …… 八〇
- 马前泼水 …… 八一

秦腔历代故事戏脸谱

文君当垆 ……〇八二
上元夫人 ……〇八二
银燕关 ……〇八三
骂毛延寿 ……〇八四
昭君出塞 ……〇八五
龙凤旗 ……〇八六
莲花公主 ……〇八七

新莽及东汉故事戏

松棚会 ……〇九一
反八卦 ……〇九二
王莽闹 ……〇九三
玉虎坠 ……〇九三
遇龙镇 ……〇九四
鬼神庄 ……〇九五
斩经堂 ……〇九五
取洛阳 ……〇九六
飞叉阵 ……〇九七
草桥关 ……〇九七
打金砖 ……〇九八
探五阳 ……〇九九
投笔从戎 ……〇九九
渔家乐 ……一〇〇

三国故事戏

斩熊虎 ……一〇三
三结义 ……一〇三
鞭打督邮 ……一〇四
磐河战 ……一〇五
凤仪亭 ……一〇七
借赵云 ……一〇八
辕门射戟 ……一〇九
白门楼 ……一一〇
许田射猎 ……一一〇
火烧新野 ……一一一
汉津口 ……一一一
长坂坡 ……一一二
舌战群儒 ……一一三
黄鹤楼 ……一一三
激权瑜 ……一一四
群英会 ……一一四
取长沙 ……一一五
美人计 ……一一六
柴桑口 ……一一七
反西凉 ……一一八
张松献地图 ……一一九
截江夺斗 ……一一九
过巴州 ……一二〇
两将军 ……一二一
冀州城 ……一二三
水淹七军 ……一二四
定军山 ……一二五
逍遥津 ……一二五
走麦城 ……一二六
鼓滚刘封 ……一二七
小桃园 ……一二七
伐东吴 ……一二八
活捉潘璋 ……一二八
七擒孟获 ……一二九
取街亭 ……一三一
失街亭 ……一三二
斩魏延 ……一三三
红逼宫 ……一三三
渡阴平 ……一三三
江油关 ……一三四

唐代故事戏

拜昆仑 ……一三七
水帘洞 ……一三八
闹地府 ……一三九
闹天宫 ……一三九
十八罗汉斗悟空 ……一四〇
唐王游地狱 ……一四三
十万金 ……一四四
刘全进瓜 ……一四四
沙桥饯别 ……一四五
五行山 ……一四五
高老庄 ……一四六
黄风岭 ……一四六
黄袍怪 ……一四七
平顶山 ……一四七
车迟国 ……一四七
金峣洞 ……一四八
琵琶洞 ……一四八
金岘洞 ……一四九
盗扇 ……一五〇
无底洞 ……一五一
狮驼岭 ……一五一
九狮洞 ……一五二
金钱豹 ……一五二
金刀阵 ……一五三
孔雀屏 ……一五三
晋阳城 ……一五四
临潼山 ……一五四

中国戏曲脸谱

秦腔历代故事戏脸谱

红拂传 ……一五五
七雄闹花灯 ……一五六
南阳关 ……一五七
贾家楼 ……一五八
三家店 ……一五九
麒麟阁 ……一六〇
金堤关 ……一六一
惜惺惺 ……一六二
车轮战 ……一六三
火烧裴元庆 ……一六四
东岭关 ……一六五
紫金关 ……一六六
美良川 ……一六七
锁五龙 ……一六八
御果园 ……一六九
白良关 ……一七〇
翠花宫打架 ……一七一
风火山 ……一七二
凤凰山 ……一七三
独木关 ……一七四
三江越虎城 ……一七五
淤泥河 ……一七六
摩天岭 ……一七七
汾河湾 ……一七八
金水桥 ……一七九
西唐传 ……一八〇
界牌关 ……一八一
马上缘 ……一八二
金牛关 ……一八三
九锡宫 ……一八四
闹花灯 ……一八五
法场换子 ……一八六

扬州擂 ……一七八
嘉兴府 ……一七九
巴骆和 ……一八〇
白叮本 ……一八一
粉妆楼 ……一八二
李白醉写黑蛮 ……一八三
金马门 ……一八四
少华山 ……一八五
钟馗嫁妹 ……一八六
打金枝 ……一八七
凤凰楼 ……一八八
牧羊卷 ……一八九
霍小玉 ……一九〇
郑元和贪恋李亚仙 ……一九一
赶三关 ……一九二
大登殿 ……一九三
红娘 ……一九四
人面桃花 ……一九五
无双 ……一九六
谢小娥 ……一九七
刀劈三关 ……一九八
雷打十恶 ……一九九
祥梅寺 ……一九四
珠帘寨 ……一九六
阅兵会 ……一九七
雅观楼 ……一九八
太平桥 ……一九九
战潼台 ……一九九

五代故事戏

反五侯 ……二〇三
无缨枪 ……二〇四

宋代故事戏

小尧天 ……二一五
斩黄袍 ……二一六
卖华山 ……二一七
佘塘关·七星庙 ……二一八
锤换带 ……二一九
下河东 ……二二〇
龙虎斗 ……二二一
双锁山 ……二二二
杀四门 ……二二三
刘金定喂药 ……二二四
凤台关 ……二二五
六郎追车 ……二二六
打潘豹 ……二二七
金沙滩 ……二二八
五郎出家 ……二二九
五台会兄 ……二二五
李陵碑 ……二二六
三岔口 ……二二七
寇准背靴 ……二二八
辕门斩子 ……二二九

苟家滩 ……二一五
凤台关 ……二一六
飞龙传 ……二一七
锁金桥 ……二一八
困曹府 ……二一九
送京妹 ……二一〇
打瓜园 ……二一〇
高平关 ……二一〇
南界关 ……二一〇
四红图 ……二一二

双挂印 ……… 二三〇
打棍出箱 ……… 二三一
铡美案 ……… 二三二
八件衣 ……… 二三三
铡判官 ……… 二三三
路遥知马力 ……… 二三四
狸猫换太子·拷寇珠 ……… 二三五
陈州放粮 ……… 二三六
铡赵王 ……… 二三七
花蝴蝶 ……… 二三八
清风亭 ……… 二三九
醉打山门 ……… 二四〇
桃花村 ……… 二四一
野猪林 ……… 二四一
杨志卖刀、生辰纲 ……… 二四二
快活林 ……… 二四三
狮子楼 ……… 二四四
鸳鸯楼 ……… 二四四
蜈蚣岭 ……… 二四五
真假李逵 ……… 二四六
翠屏山 ……… 二四七
一箭仇 ……… 二四七
收关胜 ……… 二四八
大名府 ……… 二四九
丁甲山 ……… 二四九
清风寨 ……… 二五〇
蔡家庄 ……… 二五〇
涌金门 ……… 二五一
武松单臂擒方腊 ……… 二五二
打渔杀家 ……… 二五三
艳阳楼 ……… 二五三
枪挑小梁王 ……… 二五四

潞安州 ……… 二五四
徽钦二帝 ……… 二五五
岳母刺字 ……… 二五六
岳家庄 ……… 二五七
回到祖国来 ……… 二五八
风波亭 ……… 二五九
红梅阁 ……… 二六〇
文天祥 ……… 二六一

元代故事戏

窦娥冤 ……… 二六五
串龙珠 ……… 二六六
武当山 ……… 二六六
广泰庄 ……… 二六八
智取北湖州 ……… 二六九
状元印 ……… 二七〇
采石矶 ……… 二七一
取金陵 ……… 二七二
破宁国 ……… 二七二
九江口 ……… 二七四
正气图 ……… 二七五
花云带箭 ……… 二七六
挡将 ……… 二七六
居庸关 ……… 二七七

明代故事戏

游武庙 ……… 二八一
阴阳河 ……… 二八二
珍珠衫 ……… 二八三
十五贯 ……… 二八三
美良镇 ……… 二八四
白凤冢 ……… 二八五

拾玉镯 ……… 二八六
法门寺 ……… 二八七
奇双会 ……… 二八七
日月图 ……… 二八八
一捧雪 ……… 二八九
审头刺汤 ……… 二八九
雪杯圆 ……… 二九〇
朝金顶 ……… 二九一
打严嵩 ……… 二九二
四进士 ……… 二九三
棒打无情郎 ……… 二九三
比翼鸟 ……… 二九四
三娘教子 ……… 二九五
周仁回府 ……… 二九六
虎乳飞仙传 ……… 二九七
蝴蝶杯 ……… 二九九
玉堂春 ……… 三〇二
通天犀 ……… 三〇三
三上轿 ……… 三〇四
假金牌 ……… 三〇五
忠保国 ……… 三〇六
叹皇陵 ……… 三〇七
二进宫 ……… 三〇八
马芳困城 ……… 三一〇
卢沟桥会面 ……… 三一二
双罗衫 ……… 三一三
春秋配 ……… 三一四
九更天 ……… 三一五
庚娘 ……… 三一六
打红台·双上坟·杀船 ……… 三一七
南天门 ……… 三一七
鱼腹山 ……… 三一八
宁武关 ……… 三一九

煤山恨 ··· 三二〇
山海关 ··· 三二一
闯王遗恨 ··· 三二二
史可法 ··· 三二三
打镇台 ··· 三二四

清代故事戏
董小宛 ··· 三二七
武文华 ··· 三二八
九龙杯 ··· 三二九
溪皇庄 ··· 三三〇
恶虎村 ··· 三三一
蚀蜡庙 ··· 三三一
飞天关 ··· 三三二
北皇庄 ··· 三三三
盗御马 ··· 三三四
连环套 ··· 三三四
三搜府 ··· 三三五
红楼梦 ··· 三三六
红柳村 ··· 三三七
能仁寺 ··· 三三八
反大同 ··· 三三九
访苏州 ··· 三四〇
香妃恨 ··· 三四一
铁公鸡 ··· 三四二
韩宝英 ··· 三四三
塔子沟 ··· 三四四
杀子报 ··· 三四五

朝代不明故事戏
紫霞宫 ··· 三四八
锯大缸 ··· 三四九

中国戏曲脸谱

概说（代总序）

脸谱是中国传统戏全部舞台艺术的固有组成部分。中国传统戏中，净、丑和个别生、旦角色的脸谱是以各种色彩画在脸上的专用图案，用以表示戏中人物容貌、性格特征，丰富舞台艺术色彩，助增演出效果。演戏是前后台戏曲艺术工作的集成（整合）产物。净、丑勾脸与生角抹彩、旦角拍粉是性质相同的面部化妆手段，与行头、砌末、面具等物风格谐调，与唱做念打翻形式协和。

中国传统戏重共相、取抽象、演典型，脸谱也是这种性质的艺术。钱穆在其《中国京剧中之文学意味》中谈到：

『……中国戏乃是假戏……是抽离现实。……中国人作画也称戏笔。……中国京剧亦如作画般，亦要抽离不逼真，至少在这点上，中国京剧已是获得了中国艺术共同精神主要之所在。……中国人写小说，有时只说某生，连姓名也不要，只有代表性，更无真实性。……重共相……中国戏剧中所用之脸谱，正亦犹此。白脸代表着冷血、无情、狡诈，都是恶人相。红脸代表忠贞、热情、坦白，都是好人相。一见脸谱，即知其人之内情，此是一种共相之表出。人物如此，情节亦然。中国戏剧情节极简单，人物个性显豁，使人易于了解。但正因戏情早在了解中，才可细细欣赏其声音笑貌与情节之展开。为要加深其感染性，遂不得不减轻其在求了解剧情之用心处。此亦是一种艺术技巧。……』

脸谱的脸色，是指脸膛主色而言。中国传统戏曲脸谱，主色以红黑白三色为本。湘滇戏脸谱只用红黑白三色，其五彩脸，例如马武脸谱，是三色外加用粉红、淡灰。汉徽昆弋秦各剧种以及京剧脸谱，用色种类繁多。在角色用意上，最一般地来说，红色脸示人物忠勇，黑色脸示人物刚直，白色脸示人物奸诈。

脸谱的勾画，按表达人物面容、性格的取意和描画用色的方式，可分揉、勾、抹、破四大类型。揉脸是用手指将颜色揉满脸膛，加重眉目面纹的描画，是像真性脸谱，例如关羽脸谱。勾脸（指脸谱类型，非指勾画脸谱手法）是用毛笔蘸颜色勾画眉目面纹、填充脸膛主色，五光十色，是指事性脸谱，例如包拯脸谱。抹脸又称粉脸，是用毛笔蘸水和

秦腔历代故事戏脸谱

秦腔历代故事戏脸谱

中国戏曲脸谱

白粉把脸的全部或一部分涂成白色，意指不以真面目示人，是饰伪性脸谱，例如曹操脸谱。脸谱一般眉目面纹左右对

称，但也有两侧图形不对称者，称为破脸，示人物相貌丑陋，或性情凶恶，是一种贬斥性脸谱。揉、勾、抹三型谱式

中均有破脸。京剧中勾破脸人物较少，秦腔破脸多并勾得讲究。

脸谱眉窝、眼窝、嘴岔、鼻窝、脑门、两颊、下颏各部纹样与脸谱谱式繁简直接相关。其中脑门纹样常引人注目，

例如北斗星君的北斗脑门；孟良的葫芦脑门；杨延嗣的虎字脑门；巨灵神的面形脑门等等。脸谱脑门纹样是脸谱长期

发展中，强调美化传闻故事说法，达到舞台上下约定俗成的产物，与戏中人物服装行头之采用龙磕脑、八卦衣等有异

曲同工之情趣。各剧种都讲究脑门勾画，例如秦腔《苟家滩》王彦章脑门勾蛙形图案；湘剧《五岳图》张奎脑门勾

『煞』字，都有感人效果。

一个脸谱的谱式是眉、眼、口、鼻各部色彩纹样的整体图案，其神韵在于各部分的笔法安排。演员的勾脸所讲究的

是眉、眼、口、鼻、额、颊各部分的纹彩在脸上何处『下笔』，勾在脸上什么『地方』，各个部分如何相互配合才

能使一个脸谱美观，出现神彩。黑或红眉子（代表真眉）与眼部之间勾画的白眉子是中国传统戏，包括京剧脸谱谱式

的一个重要特点，能使眉目界分清楚。白眉子奠定整个脸谱的格局，演员谈脸谱谱常是先提眉，特别是白眉子勾法。

长期应用下，各剧种的脸谱发展成一定格式的通用谱式图案体系，达到舞台上下约定俗成的默契，成为很有感染力

的戏曲艺术创作。许多脸谱已被公认为专用谱式，例如关羽、包拯、项羽、窦尔墩、曹操诸人的脸谱，各演员勾法基

本一致。对不同人物又常采用不同谱式以示区别，例如净角的张飞、牛皋、焦赞、李逵等，脸谱各有特色，丑角的伯

嚭、汤勤、杨香武、时迁等，脸谱各自不同。

演员均照惯例勾画，尽管演员们各有其特殊笔法。此外同一人物的脸谱，在继承创作中不同演员可有不同勾法，例

〇〇二

如许褚脸谱可简可繁；夏侯渊脸谱可歪可正；孙悟空脸谱桃形各异，对此台下并无异议，这也显示了台下观众对脸谱的认识水平。

脸谱是将想象中的色彩纹样勾画在演员脸上，离开戏、离开演员的脸，这些色彩纹样也就失掉其原意了。过去和今日，香烟画片、剪纸、面人、棕人、泥人、绘画、衣衫、壁挂等等以脸谱为图案的工艺美术品，只能算脸谱的派生物，已不是脸谱的原意，但也很有欣赏和商品价值。

刘曾复

二〇〇七年十一月

秦腔历代故事戏脸谱

秦腔历代故事戏脸谱

秦腔脸谱艺术浅说

秦腔脸谱，指西北即陕、甘、宁、青一带，秦腔舞台上专工净角门的演员，为所扮剧中人物，在自己的脸上所画的各种图案。借以更进一步表现剧中人物的特征，刻画剧中人物的个性，与舞台服饰相协调，活灵活现地出现在舞台上。

从而，使广大观众通过视觉，饱享舞台艺术的美。秦腔先辈艺术家们在长期的舞台实践中，运用浪漫主义的手法进行的这种大胆的艺术创造，是中华民族灿烂文化的一个组成部分，是珍贵的艺术遗产。

然而，在最近的秦腔戏台上，存在着对这种传统艺术的继承和提高的问题。为了给专工花脸演员提供一本实用参考资料和艺术素材，我根据自己几十年的舞台实践，对秦腔脸谱进行了收集和整理，绘制了大量的脸谱图案，并对有些脸谱进行了大胆的改革。

在此，我把秦腔脸谱在色调方面的应用、特点及画脸时应注意的几点归纳于后，供读者参考。

色调在表现人物个性方面的应用

秦腔脸谱一般分为大花脸、二花脸、四大块脸、三页瓦脸、巴巴花脸。在民间则俗称为净、大净、二净、黑头、花脸子。在表现人物个性方面，秦腔演员对各种色调有这样的说法：红赤忠，黑暴烈，白奸臣，黄者神仙（连人也在内），绿蓝寇、鬼、神怪。

赤者，指专工须生门演员扮演的大红脸，如关羽、李自成、陆机、康茂才、张巡、赵德胜、朱亮祖、黄飞虎、吴汉、周勃、马三宝、赵匡胤等。以及专工花脸门演员扮演的一些忠奸人物，如武三思、庞涓、刘勇、斗越椒、魏延、檀道济、司马师、晋怀王、庞德、薛奎、郭广卿、高保童、屠岸贾等。

以上列举属于红脸人物之类，不单指纯大红底。红中必须有浓、淡（肉色）之别。还夹杂浓淡的黑、白、灰等色调。

这就须依照人物在剧情事件中的作为、个性以及人们对其的褒贬等具体处理。例如：李自成、关羽、张巡等，他们在

各自的剧目中，是立场坚定、忠诚不移的人物，就要依纯大红或胭脂红、肉红色涂全脸。要根据各个人物的处境与老、

中、青的区分，依不同浓淡的黑、白、灰等落笔描出其眉目、须根、印堂冲纹及脸纹等，使其形象化。又如：黄飞虎、

朱亮祖等，就必须以隐约可见的白或灰色，细挑在眉间或用以画印堂冲纹、脸纹，表示他们先忠后奸，立场不坚定，忠

佞并存的含义。再如吴汉这一人物，虽是汉平帝忠臣吴开山的后代，但他也有被蒙蔽而反汉的一面，有捉拿刘秀要献

给王莽的行动，因而在其脸上加少许的冲纹，就表示他正中有反的含义。而像庞涓、刘勇、屠岸贾、晋怀王等，虽属

红花脸之类，但他们脸部用红色和各色套绘的比例，纯红要占一半，其余如白、灰各色占一半或少半，来表示这些忠

奸参半的人物。

黑暴烈（亦忠）如张飞、李逵、尉迟恭、夏桀、刘雄、赵公明、铫期、铫刚、荆轲、常遇春、徐彦昭、石雷、张魁、

崇黑虎、武城黑等。这些人物，在其剧本情节中，多是暴烈且忠勇善战。如张飞这种脸谱，术语上称『通天柱』。要

用墨子粉和匀涂全脸，用浓黑勾他的豹头环眼、粗旋眉、腮边虬须，画好脸纹，如此就显得暴烈而威武，再在额左右

点两朵小红梅花，表示他粗中有细的性格特点。

这样看来，黑似乎与红有某些相近的用法，但却不能以红代黑。我们所说的色调的应用只是泛说，有些是传统用法。

例如包拯这一人物，虽然在其剧情中是赤胆忠心铁面无私的，但就不能单用红色画脸子，也不用纯黑，而须用白粉、油

墨加少许红色和匀后涂两腮，在黑色中显出隐约可见的红色来。额间浓黑，两眼上有白色的肌眉皱纹，中间透出红色

的月牙形。再与黑色服饰相映衬，突出了包拯美的形象。这就是先辈艺术家们，依据生活，观其志，看其行，结合史

料与民间传说，根据舞台服装图案特点，综合起来所塑造的人物形象。

秦腔历代故事戏脸谱

中国戏曲脸谱

秦腔历代故事戏脸谱

中国戏曲脸谱

白奸臣，指大白脸类。大白脸也是指专工花脸门演员扮演的剧中人物，多为权奸国戚、宠臣贵族、恶霸等阴险狠毒的大小官员。如：李良、潘洪、曹操、董卓、贾似道、秦桧、严嵩、齐潜王、欧阳方、晋献公、殷纣王等，还有半截子白脸的如：刺客姜环、秦舞阳、石龙、廖寅、刘彪、白石岗、张增、侯尚官等。

半截子白脸或称三页瓦脸、巴巴花脸，一般表现的人物俗称为『半吊子』、『二杆子』，像恶棍、皂隶、盗贼、刺客、淫邪败类、匪首匪徒、恶僧、番将、无赖等。

白脸的画法是：洗净脸后，扎好勒头布，脸上的皮就平展了。这时用纸拧成绳头状，醮上少许的清油、干墨子和匀后把眼圈抹好，再用水粉笔涂抹全脸。粉稍干后，按剧中人物的个性，用浓淡之黑、白、灰勾出人物需要表现的年岁大小、眉目须根、印堂冲纹及脸纹来。值得注意的是，一定要按照人物个性，应繁笔时就繁，该简画时就简。即使是需要丑化的人物，也应使其丑中见美，谨忌无目的落色。白脸角色多是笔画少，不易掌握。例如，若扮曹操这一历史人物，他是个政治家又是军事家，善用兵，能团结部将，但他最大的缺点是遇事疑虑，奸诈突出，有所谓『过而知之』的致命弱点。像这样笔画简单的大白脸，水粉涂脸一低一高。但是否为他画须根？我认为最好不画。秦腔、晋剧都给曹操画须根，而京剧不画，显得人物形象更典型而有艺术美感。曾见秦腔有人将曹操及其他一些白脸人物，眼眉画得特别挤，左右眼角尽量用淡墨落笔，隐约可见，眉笔画得垂直、拉平，印堂冲纹画得单调，缺乏体现深思熟虑的味道。

再如董卓这一残暴、专横跋扈、骄奢淫逸、酒色过甚的人物，他的眼神要画得凶恶逼人，眉梢竖直至两额，眉型呈扫帚样，满脸堆着横肉，又显现出权贵者的浊福气质；鼻凹画冲天红纹，两腮淡黑，垂笔轻轻点几下；为了画出他的年岁，增加了灰白须根；眼角纹似乎蝎子腿状。服饰一着身，使人一看就知道是董卓了。

三页瓦脸的画法是：由眼眉上边自左耳腮处至右额顶，以大红由窄而宽抹上去，两腮用白粉水而依淡红涂脸，再根

〇〇六

秦腔历代故事戏脸谱

据不同人物画就不同的眼、眉、印堂冲纹等。如：刘虎、白石岗、廖寅等。

黄者神仙（连人也在内）。黄脸人物在秦腔舞台上一般出现在神话戏里，如灵官、药王洞的药王、龙王、杨戬、天神天将、火帝真君、财神等。仙家如封神戏的三教、燃灯佛、闻太师。但非神话戏中也有，如金兀术、文朗、蒯彻、方腊、黄信、秦琼等。黄色应用在神话戏中显得神威森严，而表现仙人时就突出了轩昂且美的气质。黄色应用于人，则表现刚烈坚强而又俊秀。神、人、仙家多依石黄、金沫并用，显出秀气的美感来。如旧时演《药王洞》孙思邈时，药王由专工须生扮演。用金沫和匀涂脸，正中高场一坐，使人一看威严而俊美。还有披着长发的如《劈山救母》的杨戬，《黄河阵》的燃灯、闻仲，《白蛇传》的火神、灵官等，用金沫涂脸，效果都很好。

黄色应用于人物时分老黄、肉黄、浓淡黄，有时也用金沫黄，如蒯彻、武三思就必须依纯石黄涂抹，若用金黄就显得不是味儿。对有些人物用金黄就感到比较好，如《九更天》的文郎，《草坡战》的金兀术等。这要视具体情况，结合传统方法而定。

绿蓝表现寇、鬼、神怪，一般指剧中含有贬意的一些人物，如马武因科场未中而被逼反太行山落草为王；王彦章这一人物在不得志时，曾驾舟在水上劫持商船为生；青面虎在《白水滩》曾以盗寇身份出现。看了几个剧种的马武、青面虎这两个人物，虽各自画法不一，但在用色上都是绿或蓝色扮画。再如潘璋、盖苏文、姬翎、单童等人物，都被归到绿花脸之类。出现在秦腔舞台上，也带有贬义。像《临潼山》中家将李成这一人物，他脸的印堂至额顶依肉色、大红、黑色套勾，两腮绿色浓抹，嘴两角下垂，不画须根，表示他改邪归正。这种脸的造型，表示李成是李渊征战时由败者营中收服的一位勇夫。

秦腔艺术家们在多年的舞台实践中所创造的人物形象，能被观众所承认，一直沿袭至今而定型化，非因循守旧、事业不振之故，而应被视为艺术遗产保留下来，继续进行研究和提高。

秦腔脸谱的特点

秦腔脸谱的画法，和其他的剧种的差别很大，但也有相似之处。如秦腔的焦赞、孟良、黄盖等，术语上称『通天柱』脸型或『四大块』型，就和京剧、豫剧的脸谱相似。

『秦腔脸谱看近不看远，京剧脸谱看远不看近。』这是秦腔花脸门演员经常说的。同样是一个人物，如京剧一般的破碎脸，马武、程咬金等就和秦剧的马武、潘璋、盖苏文同样存在着看近不看远的视觉感。这是因为，秦腔脸谱多为繁剧也罢，秦腔也罢，都是黑脸扮妆，而秦腔的笔画就多，京剧的笔画就少。使人一看，泾渭分明。再如京剧的破笔细描的原因。其实这就是秦腔自己的风格特点，是与其他剧种的不同之处。

秦腔脸谱还特别讲究笔画套勾，像马武、秦英、颜良、潘璋、马三宝、薛奎、高保童、屠岸贾等。这些脸谱，首先要在落笔起弦方面严格要求，要特别讲究先由鼻两凹起笔，斜向左或右额运笔，画弦干净有力。笔画线条的粗细、直弯、横竖要各色套涂。而笔画大小，长短宽窄，直弯扁圆，上尖下大，下尖上大，或弦或直，或点或滴，或眉或眼，印堂冲纹、脸纹须根等要干净美观。

秦腔脸谱的又一个特点，即借用动物、植物等的某些形状画眼和眉。像我们大家所熟悉的关羽的眼就似凤鸟形状，眉恰似两只蚕爬卧着，泛称关羽是『丹凤眼，卧蚕眉』就是这个意思。还有包拯、徐彦昭、赵匡胤、广成子、康茂才等也均属此眼形。

表现人的性格各异的眼型有：鸟、鱼、蛇头、蜘蛛、蝌蚪、缺脚的螃蟹、烂眼边蝎子及尖、三角、圆、吊、斜、立、喜、眯眯、挤等型。鱼型眼如楚怀王、楚相昭阳、殷纣王、安禄山、姬翎、秦舞阳；鸟型眼如荆轲、焦赞、孟良、荷坚、欧阳方、王僚、秦姬衍、魏虎；蛇头型眼如雍正、华文豹；蜘蛛型眼如天神天将、青狮精、项庄、韩虎、楚将、兀

术、雷公、蔡瑁；蝌蚪型眼如嫪毐、刮地皮、金二、白先生、温先生、程咬金、史进、完颜铎；烂眼边蝎子

型眼如张允、董卓、徐能、贾似道、曹吾；三角型眼如张成、张增、廖寅、白石岗、刘彪、张千、赵万、杨

包子、温丞相、蒋门神、贾化、马宏、判子、王伯超；尖型眼如宇文成都、闻仲的慧眼（指第三只眼），刘瑾、卢林、

高衙内、杨戬的慧眼、项羽、朱贵昌、贺总兵、小妖的眼等。对一些眼型图案还有更细的区分。单以鸟型眼而论，就

有飞鸟式、沿枝仰头、垂头、平头、背头、伸头、缩头等；以鱼型眼而论也有鱼儿下游、平游、斜游等。

不同人物眉的形状有：竹叶眉，扫帚眉，蜘蛛眉，卧蚕眉，蛾眉，鱼尾眉，鸟翅眉，八字型眉等。例如，艺术家们

为使他们所扮演的丑角人物既形象又生动，多依苍蝇、蚊虫、竹叶、柳叶等形状画眉。在人物脸上只那么一颠一倒、一

上一下，有高有低，有斜有正，粗细开合的寥寥几笔，就使人物性格鲜明起来，达到丑中见美的艺术效果。比如，把

《十五贯》中的娄阿鼠脸中白粉块画以白粉鼠形，既表现他善偷又表现他奸诈狡猾的地痞流氓性格。给《八件衣》马

宏脸中白粉块间画一红线，表示他是个肥鳌员外。给《三盗九龙杯》的杨香武脸中间画白壁虎形，表现他善爬，能飞

檐走壁之意。给《窦娥冤》的张驴儿白粉块内画一细小的黑蛇，表示他恶毒至极的本质。

一般说来，除了用动、植物形状画眼和眉能表示人物个性外，还因舞台服饰多依花鸟、动植物等图案绣成，这与人

物脸上的动植物眉目形状互补互映，达到更加协调的艺术效果。

怎样才能画好秦腔脸

以上是秦腔脸谱的一些基本知识。至于如何画好秦腔脸谱，不是三言两语就能说得清，只有经过长期的舞台实践，

慢慢体会，才能真有所获。但总的原则是：按照人物个性，正确利用色调、图案，结合传统，情到神现为佳。

中国戏曲脸谱

秦腔历代故事戏脸谱

第一，要画好脸谱，必须懂得并熟悉脸谱，也就是说心中要有谱。这就要求我们认真学习、研究先辈艺术家们在长期的舞台生活中所塑造的各种人物形象。要知其然，并知其所以然，切忌生吞活剥。例如通过仔细研究先辈艺术家们利用各种不同色调来表现不同人物时就会发现，这和我们平时在日常生活中对不同颜色的应用和感觉是基本吻合的。因而这并不是无源之水，无本之木。也恰巧说明了艺术来源于生活这样一个基本道理。只有像这样一丝不苟地进行研究，并经过自己的分析、鉴别，才能真正把先辈艺术家的东西融会贯通，变成自己的东西。这就是艺术修养上的提高。对于初扮者来说，要多画多练，力求笔法精熟，繁简得当。注意同一类型人物老、中、青之分，行为个性之别等，使自己所扮的剧中人物形象鲜明。从未见谱的丑角，要摸索『试画』一些。

第二，熟悉剧中人物的个性、作为、褒贬含义。秦腔净角演员为了使自己所扮演的剧中人物活灵活现地出现在舞台上，首先必须了解剧中人物，熟悉剧中人物。只有这样，才能画好脸子唱好戏。这就要求一方面要利用传统手法，另一方面要善于思索。例如，在《刺秦》一剧中，秦始皇依小生的扮相出场，但在《大郑宫》中却依黄花脸出现。其理由是他在荆轲事件后形象变得凶残了。『秦琼脸黄敬德黑，红脸大汉是关羽』，这是民间常说的。在《卖娃》一戏中，秦琼依贫生妆扮，用少许的黄掺一点点红和匀后打底色，然后画出眉目。使人一看，清贫的黄脸上透出少许的红润，就显出不得志的人物形象。而在《光武山》中，秦琼红粉浓抹，否则铠甲一着身，色调上的强烈对比就显不出来。再如，秦舞阳这一人物，在《刺秦》中，其脸子的画法为上黄下白，即两半截子脸。为什么这样画呢？这是由于秦舞阳作为荆轲的副手去刺秦，刚上了宫殿的台阶就『色变惧恐』，被秦始皇发现。说明他遇事惊慌，脸发白变黄，见不了大场面。以上几个例子说明了我们塑造一个人物，必须考虑他在剧情事件中的处境、作为等。即使是同一人物，在不同的环境下也有不同的刻画方法，足见演员熟悉剧中人物的重要性。还有如给孟良额画大红葫芦，表示他善于火攻，一说

秦腔历代故事戏脸谱

他善于用药物，为士兵医治伤病。给王彦章额画一青蛙，表示他水性过人；给西夏王额端左右画两只红蜡烛，表示他善于夜战；给白监、侯尚官二人印堂冲纹画以小红花，表示他们都是邪淫贪色之徒。

第三，尊重传统，但不拘于传统，大胆革新创造。秦腔脸谱是先辈艺术家们经过长期的舞台生活汇集起来的艺术珍品，对某些人物的艺术造型，真可谓是维妙维肖。这些传统的东西，我们必须继承。但演员的任务是完成剧中规定他要做的事，把剧中的历史人物复活在舞台上。要复活就要活灵活现，恰到好处，这势必就有不同的刻画的方法。曾记得同台演出《清风寨》时，有人对李逵这一人物依肉铁色抹底色，画出后形象好，演出时使你怎样看都顺眼，好似活的李逵。我有意提出异意问扮者：《水浒传》或舞台都描写李逵是黑脸大汉，你为什么依肉铁红色抹底色呢？扮者回答说：要看在什么时候。《清风寨》一戏，李逵因不平事喝酒过量，红了脸又装媳妇，这就是依肉铁红抹底的原因。这个例子就是不拘于传统的具体表现，说明艺术造型只要能说得有理是允许的。

另外，由于封建传统观念的存在和限于社会条件及认识水平，先辈艺术家们所塑造的人物形象不可能是一成不变的。例如，对一些农民起义领袖的脸谱的刻画就含有贬低的意义，把他们称之为寇，这些都是不符合历史的，应该进行大胆的改革。

以上是我对秦腔脸谱的一些粗浅的认识。由于能力有限，谬误之处必不可免。恳望广大秦腔艺术工作者们及热爱秦腔艺术的同志提出批评意见。

高登云

作者简介

高登云（1921—2005），陕西省礼泉县人。生前系陕西省秦腔艺术研究会理事、陕西省戏曲研究院著名演员。九岁入科『新兴社』，师从梁德旗、董育生，专工文武小生。出科后辗转于陕西、甘肃及新疆等地多个剧团。解放后参加『陕西省实验剧团』，后随团转入陕西省戏曲研究院。

他从艺七十余年，演出剧目众多，在陕西乃至西北地区颇有影响，深得观众厚爱。他在《拷寇》中扮演的陈琳、《杀狗》中扮演的曹庄，已被中国艺术研究院戏曲研究所录像保存。

除演戏外，他还以过人的毅力，数十年潜心收集整理研编绘秦腔戏曲脸谱一千三百余帧，填补了秦腔戏曲脸谱的缺失和空白，受到专家的高度评价。

上古及殷商故事戏

按：秦腔上古及殷商故事戏，大多取材《大小传》、《封神演义》等。

《洗耳记》

　　帝尧在位，因己子丹朱不肖，遍访贤俊以传帝位。群臣推荐许由，尧访之，欲让位。许由以帝位为耻，逃至荒郊，洗耳去污。适巢父牵牛欲饮，见而问故，许由以帝位为耻告知。巢父以为河水经许由洗耳，已受污浊，怒而牵牛别饮。

　　见《庄子》及《高士传》，秦腔有此剧。

丹　朱　　　　　帝　尧

许　由　　　　　巢　父

《大舜耕田》

　　虞舜之父瞽瞍宠爱其后妻之子象，常欲害舜，舜仍不失孝道。帝尧闻其贤，以二女娥皇、女英婚之。舜耕田于历山之，下同耕者皆受其感化。尧赐舜绨衣、琴与牛、羊，代筑仓廪。瞽瞍嫉妒，命舜登廪，暗撤阶梯，更放火烧之。娥皇、女英教舜张伞跳脱。瞽瞍又命舜下井，象用土掩井，舜从他井出。象谋霸占舜妻及粟物，舜归乃止。舜仍待父弟如常，二人感悟。

　　见《孟子》、《史记·五帝本纪》，秦腔有此剧目。

《征三苗》

　　金苗、银苗、三野苗反，舜欲拒敌，而朝臣多年老不能从征。舜无计，回宫告娥皇、女英。舜弟象请领兵，二妃知象奸，劝舜，舜不听。象出兵，反与三苗合兵，进围都城，索二妃。舜不得已至象营哭诉。象感动，反责三苗。舜遣回三苗，凯旋。适象子与舜子互争，舜独欲斩已子，象愧而服罪。

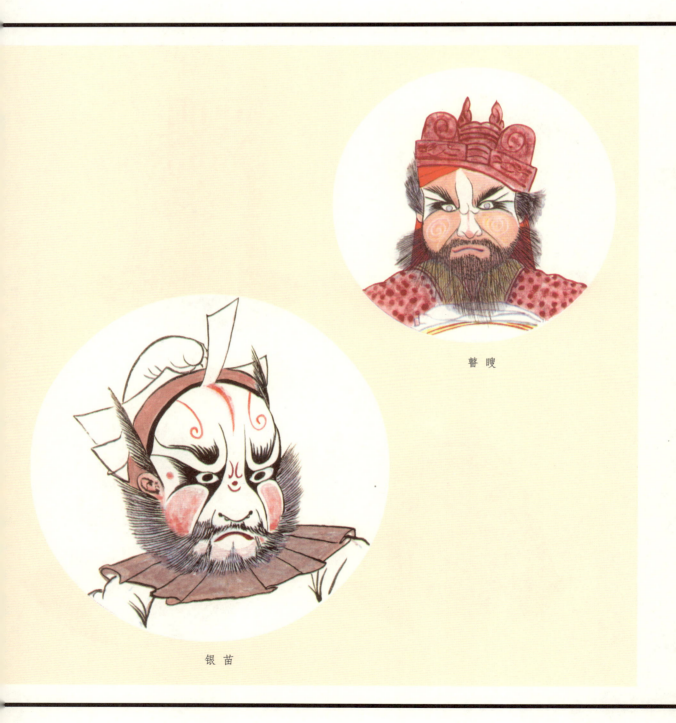

瞽瞍

银苗

中国戏曲脸谱

秦腔历代故事戏脸谱

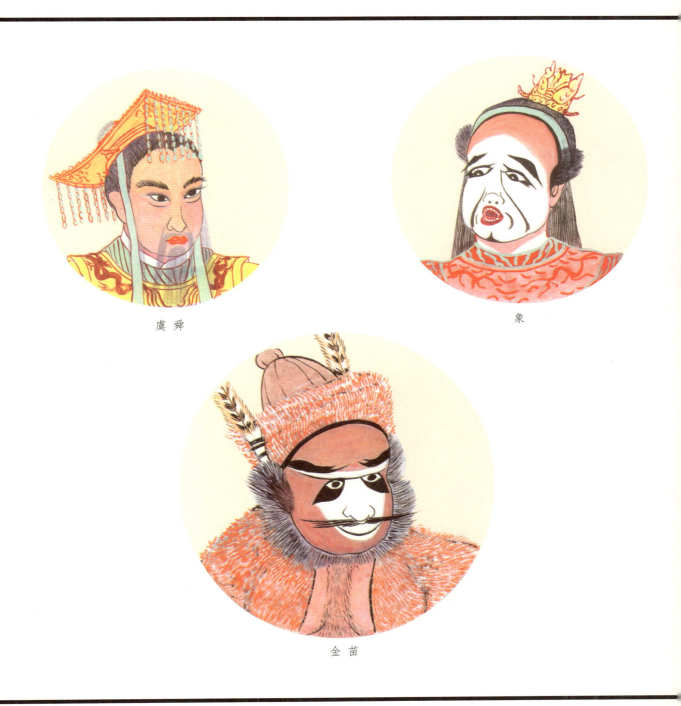

虞舜　　象

金苗

《进妲己》

殷纣王无道，信费仲、尤浑谗言，欲强娶冀州侯苏护之女妲己。苏护不允，几被斩，乃题诗于宫门而去。纣王见诗而怒，差崇侯虎兵伐冀州，结果为苏护之子全忠所败。崇黑虎再至，擒全忠。苏护苏护闻败，欲杀妻女而后自尽。适部将郑伦擒崇黑虎，西伯侯姬昌又来解和，苏护不得已进献妲己为妃。途中，九尾狐摄去妲己魂魄，化身妲己，蛊惑纣王。

一名《反冀州》，又名《献妲己》。见《武王伐纣平话》及《封神演义》第三回。秦腔有《反冀州》。

殷纣王

崇侯虎

崇黑虎

中国戏曲脸谱

秦腔历代故事戏脸谱

郑伦　费仲

尤浑　苏护

《百子图》

　　西伯侯姬昌因受纣王宣召赴朝歌。行至燕山遇雨，霹雳中得一小儿，取名雷震子。姬昌原有九十九子，得此子凑足百子。云中子携归终南山教养。姬昌自羑里逃回，纣王翻悔，派雷开等追赶。云中子遣雷震子救姬昌，父子相逢。

　　见《武王伐纣平话》、《封神演义》第十一回及二十二回，与《朝歌恨》单行演出。

《陈塘关》

　　陈塘关李靖的第三子哪吒因将太乙真人所赐宝物"乾坤圈"置东海水中玩耍，致使东海龙宫摇动不已。龙王急忙差巡海夜叉察看，被哪吒打死。后来龙王三太子敖丙调集龙兵与之大战，也被打死。龙王奏禀玉帝，捉拿哪吒父母。哪吒又在天宫门前痛殴之。为表示自己的作为与父母无关，哪吒割肉还母，拆骨还父。死后，其师傅太乙真人借莲花将其复活，又赐给他火尖枪、风火轮。

　　见《封神演义》第十二至十四回。

雷震子

王八将

龙王三太子

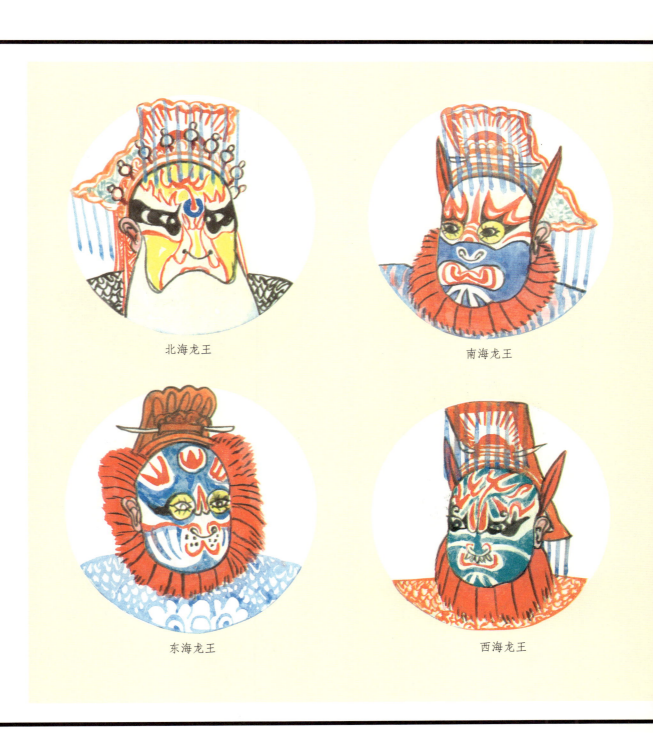

北海龙王　　南海龙王

东海龙王　　西海龙王

《炮烙柱》

纣王宠爱妲己,建造摘星楼,设炮烙等酷刑。大臣梅柏劝谏,反被纣王炮烙而死;宰相商容撞死金殿。亚相比干识破妲己为狐精,劝谏不听,火烧轩辕墓以毁其巢穴。妲己恨之,假装心疼,蛊惑纣王,强令比干剖腹挖心。比干得姜尚之助,服符水出门以解,又为妲己幻化妇女害死。

一名《比干挖心》、《鹿台恨》,见《武王伐纣平话》及《封神演义》第二十五、二十六回。比干由生角扮演,秦腔、同州梆子常演剧目。

《反五关》

姜子牙受三大教主之命,背封神榜下仙山,惩恶扬善。申公豹得知,便与子牙斗法,欲夺其榜。子牙又遇琵琶精害百姓,将其擒拿。适逢武成王黄飞虎巡边回朝,子牙讲述纣王失德、妖狐作恶,纣王江山难保。黄便随子牙上摘星楼谏劝,并识破妲己妖形。纣王不听其劝,妲己更设毒计谋害黄飞虎全家。黄飞虎七代忠良,无奈携全家与结拜兄弟黄明、周继等逃至五关,并劝其父黄滚杀退追兵,率全家投往西岐。

一名《黄飞虎反五关》,与《封神演义》第三十至三十四回情节有所不同。

纣 王

周 继

黄 明

黄 滚

秦腔历代故事戏脸谱

《黄河阵》

　　闻仲伐周不胜，请赵公明相助。赵公明被陆压以七箭书法射死，申公豹挑唆赵公明的妹妹云霄、碧霄、琼霄为其兄报仇。云霄、碧霄、琼霄各带法宝下山，摆下"九曲黄河阵"，用混元金斗困住广成子、赤精子等十二大仙。道教主、通天教主、截教主、阐教主共同协助周武王，合力破九曲黄河阵，收伏了云霄、碧霄、琼霄。

　　一名《九曲黄河阵》，又名《混元金斗》。见《封神演义》第四十七至五十回。武戏。"三霄"与姜子牙、赵公明皆为主角。秦腔、同州梆子演出剧目。

云霄

二教主

赵公明

元始天尊

《绝龙岭》

殷商时，太师闻仲谏纣王整饬朝纲。纣王乃命其领兵征西岐。西岐姜子牙以法术克敌，闻仲败逃部下邓忠、辛环等俱阵亡。杨戬化装成樵夫，将其引入绝龙岭。燃灯、云中子摆下"九龙神大阵"，杀死闻仲。

一名《闻仲归天》、《黄绝鞭》、《九龙柱》。事见《封神演义》第四十一、四十二、四十三及五十二回。

《三山关》

三山关守将邓九公、邓蝉玉父女奉命伐周。惧留孙遣弟子土行孙助周。土行孙受申公豹蛊惑，反投邓九公为先锋，并连败周将。姜子牙请惧留孙计擒土行孙，并助其强娶邓蝉玉。邓父女不得已降周。

见《封神演义》第五十三至五十六回，秦腔有此剧目。

燃灯　　　　　　　　　辛环

闻仲　　　　　　　　　土行孙

《西岐山》

纣王之子殷洪奉师命下山助周,被申公豹蛊惑,反而伐周,大战于西岐。其师赤精子诫之不听,师生反目。殷洪又请马元相助。马元食人,被收服。赤精子用太极图卷死殷洪。

一名《太乙图》。见《封神演义》第五十九至六十回,八十回,秦腔有此剧目。

《降七怪》

纣王因兵败将亡,请梅山以白猿袁宏为首之七怪抵御周兵,结果相继被斩。

见《封神演义》第九十二回。

殷洪

白袁宏

赤精子

春秋战国
故事戏

按：春秋战国故事戏多从《列国演义》及"三言二拍"中取材；见于元、明戏文者，亦占有相当数量。直接取材史书者则极少。春秋中心人物为晋文公、楚庄公、养由基、赵盾、伍子胥、越王勾践，战国中心人物为孙膑、无盐、田单等。于此亦略见民间传说与戏曲班社泛演之关系。

《回斗关》

共叔段因父郑武公立兄寤生为世子，图争位，弑父，并命公孙阏（子都）在回斗关截杀寤生。寤生被公孙阏击坠马下，顶上出现真龙。公孙阏乃投降。

一名《怀都关》、《收子都》。或云即《黄逼宫》，实则非是。笔者曾在该剧扮演寤生。

《黄逼宫》

寤生逼死共叔段及魏元环，囚姜氏。

与《掘地见母》单行。不见《左传》及《列国演义》，秦腔、晋剧、同州梆子有此剧目。龙娃子曾在该剧演公孙阏，张子峰演颍考叔。

公孙阏　　　　　　寤　生　　　　　　颍考叔

《罚子都》

郑庄公杀死惠南王母后于牛脾山。惠南王发兵报仇,庄公抵御。庄公部将公孙阏(子都)与颖考叔争帅印失和,子都在战场用冷箭射死考叔,独冒其功。金殿庆功宴上考叔冤魂出现,子都被活捉而死。

一名《牛脾山》,又名《伐子都》及《搴旗夺车》。见《左传·隐公十一年郑伯伐许》、《列国演义》第六至七回。武生戏,以扑跌见长。秦腔、豫剧、河北梆子、同州梆子有此剧目。

《清河桥》

楚令尹斗越椒乘楚庄王熊旅伐陆戎,刺死芳贾,兴兵叛乱,阻庄王归路。庄王亲自擂鼓与战,兵败,出榜召贤。养由基从戎,连败越椒,并隔清河桥与越椒比箭,射死越椒。庄王复国。

一名《刺芳贾》,见《左传·宣公四年》及《列国演义》第五十一回,亦有不与《刺芳贾》一节连演者。秦腔、汉剧、同州梆子、河北梆子有此剧目。

惠南王

楚令尹(斗越椒)

颖考叔　公孙阏

《闹朝击犬》

晋灵公无道,荼害百姓。上卿赵盾劝谏不听,与宠臣屠岸贾在朝房相争。灵公、屠岸贾拟害死赵盾,先遣钽麑行刺。钽麑见赵盾忠直,触槐树自杀。灵公又设宴请赵盾,放獒犬咬赵盾。力士提弥明打死獒犬,灵辄又救赵盾出险。

一名《八义图》。见《左传·宣公二年晋灵公不君》及《列国演义》第五十、五十一回。是须生、旦角、二花脸为主戏。秦腔传统长演不衰戏目之一。名家苏育民、田德年、郝彩凤、汤秉忠、高天喜、刘毓中拿手之作。解放后马建翎改编为《赵氏孤儿》。

赵盾

力士（提弥明）

张千

《老人结草亢杜回》

晋国魏颗之父魏犨见杜回打虎,与其较力,将杜打败。舒某向佃户祖老索谷,祖老被逼死,其女祖姬卖身葬父。魏犨代葬,纳为爱妾。每次出征,必嘱魏颗俟己死后遣配之。魏犨临死,命将祖姬殉葬。魏颗不听,将祖姬遣嫁。后秦晋因争潞地交战,魏颗不敌秦将杜回,祖老魂忽至,用草结绑绊倒杜回,暗助魏颗成功,以报当年之恩。即后世喻报恩者当"结草衔环"中之"结草"典故。

一名《祖姬卖身》。又名《青草坡》。见《左传·宣公十五年》及《列国演义》第五十五回,也有单演《结草战》者,梁德旗、董育生演出。

杜 回

魏 颗

祖 老

魏 犨

《搜孤救孤》

晋赵盾死后，屠岸贾诬其曾弑灵公，请景公杀死其子赵同、赵括、赵朔等。成公之女、赵朔之妻庄姬将孤儿带入宫中躲藏，赵门客程婴暗将孤儿救回家中。屠再搜不得，下令十日内若不献出孤儿，即将全国与孤儿同庚婴儿斩尽杀绝。程婴乃舍子，公孙杵臼舍身，合计救孤。

一名《背匣子》、《挂画》，又名《八义图》。见《史记·赵世家》，《列国演义》第五十七回，元人纪君祥《赵氏孤儿大报仇》杂剧，又明徐元《八义记传奇》。《国语》亦有此一段，但情节不尽相同。新中国成立后，剧作家马建翎改名《赵氏孤儿》，曾在 20 世纪 50 年代巡回演出大江南北。

公孙杵臼

屠岸贾

晋灵公

《赵氏孤儿大报仇》

　　晋悼公即位,韩厥抚养赵朔孤儿赵武,道破前情,代赵氏雪冤。悼公诛杀屠岸贾,任用孤儿赵武。程婴祭奠赵,自刎,以报公孙杵臼。

　　见《列国演义》第五十九回。秦腔有老本《八义图观画》。甘、陕、宁、青、陇东及关中西路过去常演戏之一。

韩厥

庄姬

屠岸贾

义士程婴

《二桃害三杰》

齐景公宠信古冶子、公孙枝、田开疆三勇士，三人结党横行。大夫晏婴乘景公宴请鲁君之际，摘桃进献，请景公以二桃赏三人，使三人论功食桃。三人羞愤自杀。

即《二桃杀三士》，见刘向《说苑》，《列国演义》第七十一回，诸葛亮《梁父吟》及《古今小说》二十五卷。秦腔传统戏之一，关中西路及甘肃普及戏，先辈王正财、20世纪30年代马应斌（后改名马裕国）擅演。笔者与马应斌年轻时曾同台。

古冶子

公孙技

晏婴

田开疆

《临潼斗宝》

　　秦穆公设计以霸诸侯,邀各国君主带文武二臣,宝物一件会临潼斗宝。十七国诸侯押宝赴秦,被盗跖(柳展雄)中途劫走。楚国大将伍员鞭打盗跖,夺回宝物,又与柳结为兄弟。至秦,各国比宝、比武,伍员力举千斤铜鼎,压倒诸侯。秦王惧之,不敢留难,并将妹孟嬴(无祥公主)许婚楚太子建,各国使臣安然回国。

　　又名《临潼会》、《鼎盛春秋》。见《春秋五霸七雄列国志传》,《左传春秋》鼓词,《孤本元明杂剧·临潼斗宝》,明丘浚《举鼎记》传奇及《临潼会》传奇。影戏摆亮子剧目之一。大戏亮箱亮人,因上场演员过多,20世纪二三十年代曾听先辈们说说而已,我从艺六十年来未见演出。

穆公　　　　　　　　　梁孝公

伍员(子胥)　　　　　　盗跖(柳展雄)

中国戏曲脸谱

秦腔历代故事戏脸谱

燕庄公　　　鲁懿公

齐鳌公　　　郑成公

宋桓公　甘英　曹简公　晋襄公

中国戏曲脸谱

秦腔历代故事戏脸谱

中国戏曲脸谱

秦腔历代故事戏脸谱

陈共公

韩康公

赵景公

赵允公

蒯瞶

秦姬辇

卞庄

鲁秋胡

秦腔历代故事戏脸谱

《乱楚宫》

楚平王强纳子妻秦女孟嬴，以齐女马昭仪许婚太子建，并令出镇城父。奸臣费无忌与太子有仇，暗谮太子与大臣伍奢有谋叛意。平王先召伍奢讯问，伍奢直言相劝，平王怒而囚禁伍奢。

见《列国演义》第七十一回。川剧有《楚宫会》，汉剧有《楚皇宫》，秦腔有《斩太傅》。先辈秦鸿奎、王正财曾演出。

《武昭关》

伍奢既死，楚平王派人捉拿伍员。伍员历尽坎坷，保护太子建之妻马昭仪母子逃出郑国。郑将卞庄率兵追赶，兵困禅宇寺。马氏托孤与伍员，投井自杀。伍员保孤儿突围逃走。

一名《禅宇寺》，见《春秋五霸七雄列国志传》及《左传春秋》鼓词。

费无忌

郑将卞庄

伍奢

《出棠邑》

　　伍奢死后，平王派大将武城黑往擒伍员。伍员之妻以子伍辛托之，自尽。伍员逃出，养由基追之，拔出箭镞假射，纵伍逃奔吴国。途中，吴国差遣卞庄接应，伍员鞭打武城黑，并箭射其手心以示"决裂"。

　　一名《拆命书》，又名《杀逃国》、《战樊城》。先辈郑生云（号假耐子）最杰出，后有王益民、赵云峰、何家彦、刘易平、阎更平、王君秋、康富盛皆有所长。

伍员

武城黑

养由基

《鱼藏剑》

伍员逃至吴国,访知专诸孝义双全,乃与结拜。又吹箫乞食,遇公子姬光。光本吴王之子,吴王死后,本应嗣位,而王僚仗势自立为王。姬光为求复位,闻伍员智勇,收为宾客。伍员荐专诸于姬,欲意夺国。专诸归家别母,有所留恋。母训诫后自缢,以绝专诸顾虑。姬光假意请吴王姬僚赴宴,席间专诸假扮厨夫借献鱼刺死姬僚,姬光夺位。

一名《孝义勇》、《鱼肠剑》,见《左传·昭公二十七年》,《吴越春秋》,《史记·刺客列传》。《列国演义》七十三、七十四回及元李寿卿《伍员吹箫》杂剧。一名《专诸刺僚》。

按:自《战樊城》至《刺王僚》包括《打五将》常连演,总名《鼎盛春秋》。西府(关中西路)甘肃陇东各地常演戏之一。名家王正才传人马裕斌、秦鸿魁、汤秉忠、韩娃子均杰出,何瑞秦也有此目。

专 诸

王 僚

姬 光

《要离刺庆忌》

姬光既刺死姬僚，因姬僚之子庆忌领兵在外，心存恐惧。伍员荐勇士要离，订苦肉计，囚要离妻，断要离一臂。要离投奔庆忌，假献忠诚，乘隙将其刺死。

见《列国演义》第七十四回。

《太湖城》

庆忌被要离刺中要害丧命，要离也被庆忌杀落水中。庆忌妻殷夫人，领众女兵为夫报仇，被孙武子斩杀。殷夫人阴魂含恨，率众女兵夜间向孙武子索命。孙设五雷碗、麻鞭打众阴魂。广成子助殷夫人，也被孙打败。

见《列国演义》七十五回。与《孙武斩美姬》情节不同。先辈名家高天喜、郑生云（号假耐子）及后来的赵云峰、李步林皆佳。

姬僚

庆忌

要离

孙武子

《战郢城》

伍员借吴兵，伐楚报仇。在汉水斩囊瓦。楚司马沈尹戌兵败自刎。伍员破麦城、围郢城，楚平王惊惧而死。申包胥出城，劝伍员收兵，不听。伍子伍辛又杀死楚将，楚昭王弃城逃走，孟嬴自尽。申缚费无忌，伍员杀之，又掘平王墓，鞭尸报仇。

一名《鞭坠楚平王》，又名《俩老论争》。见明孟称舜《二胥记》传奇、《列国演义》第七十六回。

《夹谷会》

齐景公邀鲁定公在夹谷相会。孔子保护定公赴会，从容喝退齐国伏兵，并以大义责备齐侯，取回汶阳之田，两国修好。

一名《孔子却齐》。见《左传·定公十年》及《列国演义》第七十八回。20世纪30年代，曾在甘肃省陇东灵台、泾川、正原等地见先辈陈芦子（外号噎子）演出的《孔圣人游列国》与《夹谷会》相连。

伍子胥　　　　　　　　　孔子

齐景公　　　　　　　　　齐继奎

《卧薪尝胆》

　　赵王勾践战败吴王阖闾，懒修国政，贪图享乐。吴王子夫差（姬光）屯兵养马，进攻越国。越国战败，勾践和夫人丽姜被俘。勾践用范蠡之计，访得美女西施，献与夫差。夫差被惑，国事渐废为越所灭。范蠡弃官，与西施泛五湖。

　　见《史记·越世家》，《孤本元明杂剧》，明梁辰鱼《浣沙记》传奇，《列国演义》第八十至八十一回。罗瘿公编。汉剧有《卧薪尝胆》，川剧有《吴越春秋》，秦腔有《会稽山》或《姑苏台》。

　　1930年至1959年，名家苏育民扮勾践，唱腔、动作、表情极具精气神，在秦坛可谓红极一时。何家彦、高新岳演夫差，各具风流天子气质。后起之秀是20世纪30至40年代的王集志。40至50年代女伶名家苏蕊娥（扮施西），肖若兰（扮郑旦），杨辅敏（扮西施），李辅英、韩辅华扮夫人丽姜均有特色。苏蕊娥、肖若兰、笔者在解放前后曾演于三原、大荔、耀县及富平等地。

范 蠡

勾践 丽姜

太子由

这里必须记一记在《卧薪尝胆》一戏盛演的20世纪30至50年代，在戏中几个配角演员较成功者。已故专工花脸姚育国，他的形像高大，七情（指喜、怒、哀、乐、忧、虑、惊），六郁（指气、血、痰、火、湿、食）皆备一身，当时他的年龄正在青少年之际，青年演员都尊称其为师哥，被众人爱戴、尊敬，超过了一般师辈。我当时在外县，若进西安三意社就给挂牌演出。姚育国给我主动引见介绍一些师傅，说："这就是高登云，虽年少演的都是大戏啊，好样的……"又如杜永泉，他扮演的陈处女经常惹得台下观众掌声阵阵，经久不息。后来他改演武生和花脸、须生及杂角皆不低色。另外扮演西施的杨辅敏、演范蠡的杨富采，扮文仲的王辅民，演王孙友的何俊民，均配合苏育民把《卧薪尝胆》演得出神入化。时值抗日战争时期，一出《卧薪尝胆》对激发民众抗日起到不可估量的作用。常常是每场演出都座无虚席。可叹呀，再难遇的苏育民！可惜的《卧薪尝胆》。

陈因

孙玄

伯嚭

《赤桥》

晋国赵襄子（无邮）被智瑶围攻，用张孟谈之计，联合助智氏之韩虎、魏驹，三家共灭智瑶。豫让因受智瑶敬重，欲刺无邮报仇，被无邮擒获，问明释放。豫让漆身吞炭，藏于桥下，仍谋行刺，又为无邮所擒。豫让乃求无邮脱衣，用剑砍衣，以寄托报智瑶之恩，然后自刎而死。

见《史记·刺客列传》、元杨梓《忠义士豫让吞炭》杂剧及《列国演义》第八十四回。清逸居士编。秦腔名家梁德旗、田德年、张建民、杨宏声代表作。

《兴秦图》

秦孝公令商鞅率兵伐魏，连取三城。至吴城，守将龙贾上表告急。魏王因令尹公子卬与商鞅有旧，命其抵御，乘机言和。商鞅用计伏击，大败魏兵。

与《商鞅变法》同演。

豫让　　　赵襄子

秦孝公　　　商鞅

《河神娶妻》

魏文侯命西门豹为邺地县令，当地女巫勾结三老、廷椽、里豪，假借河伯娶妻，以少女投河，诈取百姓财物。西门豹将计就计，指少女选得不佳，反将女巫及三老皆投河中。百姓醒悟，根绝恶俗。

一名《西门豹》，见《国语》及《列国演义》第八十五回。20世纪50年代咸阳人民剧团马耀先领导，杨安民导演。当时名伶王惠芳、男伶刘秉国等演出，对配合建国后开展的破除迷信，打击反动会道门的活动起到了宣传和推动作用。

里豪　　　　　　　西门豹

老里约　　　　　　女巫

《中山羹》

魏文侯欲伐中山姬窟，翟璜荐乐羊为大将。乐羊用火攻之计，大败中山兵于揪山。姬窟因乐羊之子乐舒在中山为官，先逼其劝乐羊退兵，又将乐舒缚于高竿，再逼乐羊。乐羊不为所动，姬窟乃用公孙焦计，杀乐舒，制成肉羹，送至乐羊营中。乐羊怒而食羹，并力攻城。姬窟自杀。公孙焦出降，乐羊杀之。

一名《乐羊子食肉》，见《列国演义》第八十五回。20世纪40年代根成子（张振民）和史易风演出。

姬窟

翟璜

乐羊

《庞涓摔纸盆子》

孙膑、庞涓同学艺于鬼谷子王栩。后庞涓辞师下山，任魏相。墨子荐孙膑于魏王。庞涓嫉妒，诬害孙膑通齐，刖其两膝。又诬其写兵书，拟于写成后杀之。孙乃假装疯癫，使庞不防，得齐之助，逃出魏国，投奔齐国。

一名《孙膑装疯》，又名《孙膑哭狱》。见元人《马陵道》杂剧，明汪廷讷《七国记》传奇（一云清李玉撰）及《列国演义》第八十八回。同州梆子、弦板腔、长安跑台子（皮影小戏班子）均有此目。

甘肃陇东秦鸿魁、王正财、月月子、由书来、史易风、佘庆民等演于20世纪三四十年代。

孙膑　　庞涓

鬼谷子　　墨子

《马陵道》

孙膑至齐，拜为军师，乘庞涓攻韩之时，故意伐魏。庞涓回兵，孙膑又用添兵减灶之计，使庞涓骄敌，诱其入马陵道，用乱箭射死。

一名《孙庞斗智》。见《列国演义》第八十九回及元人《马陵道》杂剧、《七国记》传奇。清逸居士编。秦腔和《庞涓甩纸盆子》连演为全本戏。与《五雷阵》也串演。

《五雷阵》

秦命王翦伐齐，王非孙膑之敌，用妖道毛贲摆设五雷阵，摄孙膑生魄，孙几身死。后孙膑师弟毛遂假扮毛贲，盗去其师法宝，救孙大破五雷阵，并用鬼谷师太极图，殛死毛贲。

见《剑锋春秋》鼓词。《列国演义》无此一段。秦腔、同州梆子、有此剧目。川剧、滇剧、徽剧、豫剧、河北梆子、汉剧、桂剧有此剧目，汉剧名《阴五雷》。

庞 涓（晋谱）

孙 膑

毛 遂

毛 贲

秦腔历代故事戏脸谱

中国戏曲脸谱

《棋盘会》

赵国用白猿丞相,与齐后无盐赌棋,以判两国胜败。无盐棋法不及白猿,暗撒"山里红果",诓白猿拾取,改动棋子。白猿输棋发怒,无盐用棋盘打死白猿。双方大战,无盐得胜。

《战春秋》

齐景公妃夏迎春与张松合谋害皇后钟无盐,乘其临产,以狸猫剥皮换去太子。景公怒欲斩无盐,晏婴谏奏,改处绞刑。无盐乃施术诈死,隐居故乡。晏婴亦辞官。景公立夏迎春为后。秦拜吴起为帅,兴兵伐齐。景公大惊。婴告无盐未死,景公亲往求告。无盐隐形戏之,约三事,出征,战败吴起。

即《齐王哭殿》。

白猿丞相

钟无盐

吴 起

晏 婴

《双义节》

　　张仪、苏秦同入秦献策，公孙衍抑苏秦而荐张，封其为客卿。张弃官与苏同离秦，并赠苏金而别。张仪途中救晋国冯妇之子冯杰，送之回家。冯妇感谢，以女巧云许张为妾，接张妻来同住。张仪遇楚大夫翟贤伴同入楚，见昭阳，位列客卿。楚王以和氏璧赐昭阳，昭阳不识，张仪识之。后失玉，翟贤疑张，鞭之几死。苏秦游说赵以合纵之策之策拒秦，封武安君，佩六国相印。遣赵中郎将毕成改名熊贾，赚张至赵。苏秦故不加礼，激张再入秦国，苏再命毕成以金助之。秦封张为武灵君。昭阳见张仪不辞而去，用刑逼讯冯巧云。昭母有远见，命以客礼待巧云。张妻得冯妇之助逃走，楚兵追赶，被冯妇击退。张仪引兵攻楚，赵命苏秦引兵救楚。张恨苏，毕成以实告之。张仪始悟，感谢苏秦。昭阳求和，送巧云至营，张乃罢兵。

　　略见《史记·苏秦张仪列传》、《列国演义》第九十回。秦腔有新、老《和氏璧》（大本戏）。先辈名家王德孝、贾德善、德孝传人苏哲民、苏育民、靖正恭皆杰出。新本由易俗社编剧，20世纪40年代庄用中、徐抚民、李新华（扮昭阳）、王仲华均佳。相继有贾德善的传人笔者、姜能易1944年至1945年演出于河南巩县和仪沟。尤其是1985年至1990年，近70岁的笔者应甘陕各市县之邀常演出。

翟贤

苏秦

张仪

《激友》

演苏秦激张仪入秦事。张仪的表演身段及步法唱法简说如下：有人主张，用纯贫仆身段去演张仪。我的体会是最好依文武小生身段扮演最佳，原因是张仪在云梦山继孙膑、庞涓之后，和苏秦拜鬼谷子学艺。他们先习文后习武，学的是万人敌。从史略、民间传说，无人不晓"张仪口、苏秦舌"。扮演他们必须选口齿伶俐、扮相俊秀、嗓音洪亮、气度不群之演员方可胜任！秦腔界许多已故名角，如沈和中、苏哲民、苏育民等皆在舞台上留下张仪这一光辉艺术形象。抗战时西安高中挪至泾阳，为给学生上史课，邀我给学生演出《激友》和全本《和氏璧》。1989年冬在甘肃榆中县肖家嘴演出《激友》时，观众抛上两条被面以示赞扬和鼓励。

《孟尝君》

齐国孟尝君（田文）至秦行聘，被秦王软禁。田文借门客之力，盗白狐裘，献燕姬，得允回国；又由门客效鸡鸣犬叫，诈开函谷关，逃出秦国。门客冯谖又烧毁田文薛城债券，使其得到百姓爱戴。

见《史记·孟尝君列传》及《列国演义》第九十三、九十四回。高新岳、陈新润20世纪30年代演出。

《黄金台》

齐湣王宠邹妃及太监伊立。伊立诬世子田法章无礼于邹妃。湣王怒，派伊立擒斩世子。田法章逃出，遇御史田单。田单使其乔装己妹，瞒过伊立搜查，又伴随其向把关兵卒行贿，偷出关去。

一名《田单救主》、《伐齐东》。见《孤本元明杂剧·乐毅图齐》、明人《金台记》传奇、明张凤翼《灌园记》传奇、明冯梦龙《新灌园》传奇及清王闿运《黄金台》传奇。秦腔名宿靖正恭最杰出。王世杰亦佳。张庆玉、王生民（印印子）常演出。

孟尝君

齐湣王

伊立

《火牛阵》

　　燕昭王用乐毅为帅伐齐，连破七十余城。田单与田法章被冲散，田法章投退职太史敫尚，与其女惠娥私订婚姻。田单据守即墨，先用反间计，使燕以骑劫替回乐毅，后用火牛阵大破燕兵，恢复齐国。太史敫尚送田法章至即墨，君臣重会，敫尚始知法章为男子，遂允以惠娥许婚。

　　一名《乐毅伐齐》。见《史记·田敬仲世家》、《列国演义》第九十五回。过去演《火牛阵》，由乐毅、王孙贾会战中以语言交代，火牛阵走了暗场。以上两出戏皆属全本《黄金台》。

惠娥　田法章

巡官

骑劫

乐毅

《完璧归赵》

秦昭襄王假意还赵十五城,向赵国索宝玉和氏璧。赵惠文王知秦有诈,却又不敢拒绝。宦者令缪贤舍人蔺相如自荐,携璧赴秦。察知秦王无诚意,亲试油鼎,以大义责秦王,完璧归赵。秦昭襄王又设宴于渑池,请赵王赴会。蔺相如伴随前往。席上秦王借鼓瑟侮辱赵王,反被相如所辱;索赵城,蔺又驳斥之,由廉颇接应,保赵王安然回国。蔺相如连立大功,赵王封其为相,廉颇自恃功高,不服,几次相辱,相如俱避让之。后廉颇因李贤之劝,始悟相如让己,以免秦国入侵,大受感动,乃亲自至相府负荆请罪。二人结为好友。

一名《将相和》,又名《廉颇与蔺相如》。见《史记·廉颇蔺相如列传》、《完璧记》传奇及《列国演义》第九十六回。苏育民、姚育国、严辅中、阎更平、赵正凯、笔者曾演出于20世纪50年代。

秦昭襄王　　　　　　　廉　颇

廉　颇（京剧）　　　　　蔺相如

《赠绨袍》

　　魏相魏齐遣门客须贾及范睢出使齐国。齐相邹衍敬重范睢，须贾嫉妒。回国后诬范睢私通齐国。魏齐怒而鞭打范睢。范死而复苏，秦使王稽携归秦，化名张禄，拜相。后须贾使秦，范睢故扮贫窭状往见须贾。须贾因天寒赠范睢绨袍一件。范伴须贾谒拜秦相，及见始知即范睢，大惊请罪。范睢念其尚有故旧之情，赦之不死，却于宴使臣时，使食草料以辱之，驱其回国献魏齐之首报仇。

　　见《史记·范睢列传》、元高文秀《须贾诼范睢》杂剧、明人《绨袍记》传奇及《列国演义》第九十七回。清逸居士编。20世纪20至30年代先辈专工花脸名家梁德旗、杨鸿声均杰出。20世纪40年代西安易俗社将《吃草》改编为《范睢向秦》，肖润华扮范睢较风雅而有气度。1957年秦腔丑行阎振俗向川剧界名家学演了《赠绨袍》，扮须贾。

魏齐

须贾

须贾

范睢

《盗虎符》

秦昭襄王遣大将王龁围攻赵国邯郸，平原君向魏国求救。魏安釐王欲遣大将晋鄙救赵，秦传言诸侯，有敢出兵救赵者，破赵之后移兵往攻之。魏王惧，令晋鄙驻兵不进，必见兵符方许进兵。魏公子信陵君无忌劝魏王进兵不听，心念其姊平原夫人，决心亲往进兵救赵，为侯嬴劝阻。魏王夫人如姬曾受无忌之恩，窃兵符交无忌。无忌急同朱亥等至晋鄙营中，命其交印。晋鄙心疑拖延，朱亥用锤打死晋鄙。无忌代帅，遂进兵解救了赵国。

见《史记·信陵君列传》、明张伯起《窃符记》传奇及《列国演义》第一百回。20世纪40年代西安易俗社演出。编剧宋尚华、杨令俗、孙省国等。1950年至1953年肖若兰、笔者、李惠风曾演出于渭北各市县。20世纪80年代张咏华、张保玮恢复演出于西安易俗社。

白起

晋鄙

朱亥

王龁

侯嬴

信陵君无忌

《白鹦鹉》

周僖王（姬胡齐）时，交趾送瓦杯一对，交苏后掌管。梅妃嫉妒，与国舅梅国忠订计，故将杯打碎。王怒欲斩苏后，赖首相潘葛计救，以己妻三夫人窦金莲（一作李氏）替死。苏后逃出，生有一子，长成，屡历艰险，后由潘葛诈病，在棋局前向僖王道破真情。父子相认，乃斩梅妃及梅国忠，王、后团圆。

见《雌雄杯宝卷》及明人《苏皇后鹦鹉记》传奇，人名不尽同。梨园戏则名《苏英》、《潘葛》。

《童年高位》

秦王嬴政遣使说燕共同伐赵。燕王请秦派大臣至燕为相。文信侯吕不韦欲遣张唐，张唐因赵王恨之，恐中途被害，托病不去，吕不悦。门客甘罗年十二岁，自荐前往，劝服张唐。又出使赵国，向赵王陈述利害，令献五城于秦，而止张唐赴燕。秦王遂封甘罗为上卿。

见《列国演义》第一零四回。

梅国忠　　　　　　潘葛

吕不韦　　　　　　燕王

《屈原》

屈原劝楚怀王勿赴秦武关议盟之会，怀王不听，果失陷。顷襄王继位，仍信用佞臣子兰、令尹、靳尚。削屈原官职，将其囚禁于太庙。兰后暗设毒酒，命其父致屈原于死地。侍女婵娟慷慨赴死。守庙义士杀死兰后之父，保屈原往邑北。怀王死，屈原请为怀王报仇，顷襄王不听，屈原反受辱，身遭诬陷，披发，垢面，行吟于汨罗江畔，抱石投江而死。

见《史记·屈原贾生列传》、明郑瑜《汨罗江》杂剧及《列国演义》第九十三回。1953年演出，姜炳泰、袁光编剧，音乐设计王依群，指挥张元，导演王群定、王小民，服装布景设计蔡鹤汀、蔡鹤洲，舞蹈设计王小民，面具设计张晓辉，演员阎更平、段林菊、梁抗敌、陈志杰、王惠芳、任哲中、王成士、阎振俗、笔者等。1962年巡演乾县，有些中学教师，赞美该剧音乐伴奏及服装设计等超前。曾演出十多年，可谓盛况空前。

靳尚

楚怀王

张仪

令尹

中国戏曲脸谱

秦腔历代故事戏脸谱

伎者面具

舞者面具

 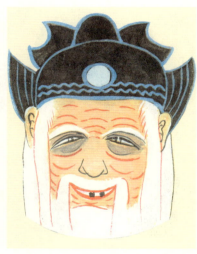 

舞者面具　　　　　河伯面具　　　　　跳者面具

跳者面具　　　　　面　具　　　　　　面　具

《荆轲刺秦》

　　燕太子丹因秦屡次侵燕，聘请剑客荆轲行刺秦王嬴政。荆轲定计，激秦逃将樊於期自刎，携其首级及督亢地图往咸阳献与秦王。荆轲于秦王看图时，用图中匕首刺秦王，秦殿大乱，秦王逃避。内侍提醒，秦王急拔剑反斫荆轲左腿；卫尉乱剁荆轲和舞阳。

　　见《史记·刺客列传》，明叶宪祖《易水寒》传奇，《列国演义》第一零六、一零七回及《东周列国志》第一零三回。秦腔名家汤秉忠、李可易、马裕斌、赵文国均见各长。

高　生

燕太子丹

樊於期

舞　阳

荆　轲

秦始皇嬴政

《王翦观营》

秦为并六国，命王翦为大将，领兵伐燕。王翦部署军营，燕遣刺客袁达行刺，反为所败。

见《列国演义》第一零七回。关中西府、甘肃西部常演《灭六国·观营》。王正才、马裕斌、汤秉忠等演出。

《聂嫈怨》

齐国严仲子曾周济侠累，侠累仕韩拜相后，翻脸不认，严仲子恨欲报仇。魏轵人聂政、聂嫈姊弟因打死宋世子，逃亡至齐。严仲子厚待聂政，且为聂嫈论婚于壮士司徒延。聂政母死，聂政乃代报仇，单身入韩相府刺死侠累，抉目自杀。聂嫈奔至哭尸，说明弟之姓名后，亦自杀。

见《史记·刺客列传》。兴平秦腔小戏名家崔山岗曾传益民社，未常演。

王翦

袁达

侠累

严仲子

《桑园会》

鲁大夫秋胡在外为官二十余年，因思老母，辞官回家。中途遇其妻罗敷，久别，罗不识。秋胡故意以代己送信为名，加以调戏。罗敷愤而逃回。秋胡至家，罗敷始知即己之夫，气愤自缢，秋胡母子急救。母责秋胡，使赔礼，夫妻和好。

又名《葵花峪》、《秋胡戏妻》、《马蹄金》。见汉刘向《列女传》、元石君宝《鲁大夫秋胡戏妻》杂剧。秦腔名家杨醒花、王益民，新秀朱彩娥、马力各有所长。

《大劈棺》

庄周得道，路遇新孀扇坟使干，以便改嫁。庄周回家伪病死成殓，幻化楚王孙，携一书僮来家，试探己妻田氏。田氏见王孙，顿生爱慕，拟嫁之。洞房中王孙忽患头痛，谓死人脑髓可治。田氏乃劈棺取庄周之脑。庄周突然跃起责骂田氏。田氏羞愧自杀，庄周弃家而走。

一名《蝴蝶梦》。见《警世通言》卷二及《今古奇观》第二十回《庄子休鼓盆成大道》、《蝴蝶梦》传奇。一般演出多有色情、恐怖庸俗丑恶表演。秦腔有此剧，名《蝴蝶梦》。史易风、笔者曾演。

罗敷　秋母　秋胡

庄周

田氏

楚王孙

《敲骨求金》

庄周闲游,见道旁有两牧羊童掏被盗杀害之张聪口中金钱。庄周悯之,遂用死犬心脏置张腹中,作法使其复活。谁知张竟成恶人,反诬庄周为盗,扭至县衙。县官白俭审理,庄周用阴阳扇扇张,张又化为尸骸。白俭因此悟道,随庄周出家。

此目与《大劈棺》是秦腔传统戏《劈棺材》全本。又名《庄子三探妻》、《蝴蝶梦》。见《惊世通言》卷二及《今古奇观》第二十回《庄子休鼓盆成大道》。演出带有迷信、色情、恐怖、庸俗表演。解放前史易风、秦鸿奎、佘庆民均拿手。后禁演。

《鞭打芦花》

孔子弟子闵子骞受后母虐待,冬穿芦花所絮棉衣。其父见闵寒战,怒而鞭打。衣破,芦花飞出,其父始明真情,怒欲休妻。闵跪求云:"母在一子单,母去三子寒",感动父母,和好如初。

见明人《芦花记传奇》。秦腔龚幼民、刘金库、张振民常演。

县官白俭

张 聪

闵子骞　　　　　闵父

《孟母三迁》

孟轲母忧虑子受邻子引诱，择十居三次，见孟轲仍不勤学，刀断机杼以示决绝，感化孟轲努力攻读。

一名《孟母择邻》。见刘向《列女传》及《孤本元明杂剧·孟母三移》。正旦唱功戏。20世纪二三十年代金言芝、王金良、金元宝各见千秋。

《羊角哀》

幽州人羊角哀夜读，左伯桃冒雪自羌奔郢都，腹饥求宿。羊角哀盛款之，结为兄弟，并亲伴左伯桃赴郢都。天寒风雪交加，左脱衣予羊，冻死荆轲山桑树下。羊至楚，拜中大夫，厚葬左伯桃。荆轲魂逐左魂，左托兆于羊。羊自刎，魂助左战败荆轲，以保左墓。

一名《盟中义》、《舍命全交》等。见《关中流寓志·列士传》、《今古奇观》第十二回《羊角哀舍命全交》及清人《金兰谊》传奇。赵云峰、根成子、张振民、张德民、刘金库均拿手。

后母及二子

左伯桃　羊角哀

孟　轲　孟　母

《伯牙奉琴》

晋大夫俞伯牙出使楚国，舟行至马鞍山，抚琴自娱。隐士钟子期窃听，弦断。俞、钟论琴，喜得知音，结拜而别。次年伯牙公毕携琴入访，遇钟父元甫，始知子期已死。俞至墓器前哭祭，思知音难再，碎琴以报，并迎养钟父回晋。

见《韩诗外传》、《警世通言》卷一及《今古奇观》第十九回《俞伯牙摔琴谢知音》。秦腔小生名宿靖正恭最杰出，以文彩戏道白超群名扬西北各省；其演唱本已由甘肃省戏剧评论家王学秀修饰出版。靖享高龄将过八十，于1991年正月二十九庆寿于兰州。近日同行艺友张新华至吾家，言靖老已作古，遂于1991年5月下旬作画以致哀悼！"奉琴"一章，笔者曾在1949年至1951年演出，后因无人会演俞伯牙一角失演了。马正超亦有此目演出。

俞伯牙　钟子期

《老莱子》

春秋时期隐士老莱子孝顺父母，年逾八十，穿红躺地玩耍、嬉戏给父母看……

一名《老莱衣》，20世纪年代名丑阎皮常演出，董育民亦作为垫戏显台，已失传。圣母庙壁画、民间年画可见。

老莱子

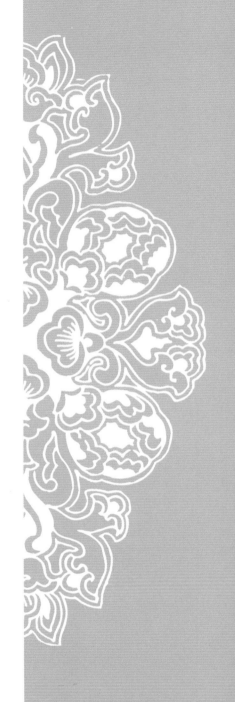

秦代
故事戏

按：秦代故事戏甚少，写刘、项之争占比重较大，多见于《西汉演义》；正面写秦始皇戏不多，多是用贬义，泛演于西北。20世纪80年代由剧作者朱学、毋致等创作的《千古一帝》一、二部（一部已拍了电影），由新秀李东桥、卫保善、郝彩凤、熊东林等演出获得好评。

《大郑宫》

　　商贾吕不韦以阳伟体健，得宠于秦王（嬴政）之母庄襄后，出入宫闱，素无忌惮。见秦王长大，英明过人，始生惧意。奈太后淫心愈炽，不时宣召入宫。怕一旦己与太后事发，祸落己身，欲进一人以替己。乃荐市人嫪毐，诈作阉割，拔其须眉，杂于内侍。太后留侍身边，大畅所欲，厚赐不韦，不韦幸得自脱。后太后称嫪毐替王侍养有功，封其为长信侯。太后出咸阳西行二百里外，居于大郑宫，先后生两子，养于行宫暗室。秦王察之，亲搜二孽子，置于布囊中摔死，囚母械阳宫。

　　见《东周列国志》一百零四回。此戏秦腔解放前常演。嫪毐一角亦用丑角扮演，赵文国、赵定国由李步林排导演出。

缪毐

吕不韦

秦始皇

《王翦灭六国》

　　燕、韩、赵、魏、齐、楚、秦七国，惟秦国强。秦采取远交近攻欺诈策略，使其他各国不自保。秦王使王翦为大将，部将有白起、王贲（王翦子）等，侵伐函谷关外各国，历战乱多年，后终于灭了六国。

　　见《东周列国志》第一百零八回。秦腔花脸专工重头唱白大功戏之一。韩娃子、马裕斌、西府佳合、王朝民等均擅演于陇东各市县。

王　翦

《哭长城》

秦始皇造万里长城，捉拿士人万杞良充夫役。万妻孟姜女千里寻夫，到咸阳，万杞良已死。孟姜哭夫，长城崩塌。始皇欲迫孟姜为妃，孟佯允，俟礼葬其夫后，投城自杀。

一名《孟姜女》、《万里寻夫》。见《孟姜仙女宝卷》、《长城记》传奇。梨园戏有《孟姜女》。秦腔名家王金良、金言子、西府李甲宝均常演出。旦角耍伞唱功独角戏之一，已失传。

《打城隍》

秦代百姓雷不殛、张懒汉、王浪子为逃避徭役，假扮城隍、判子、小鬼等欲意隐匿，终被官差拿获。

晋福长、乔德福、肖鸿斌、董育生、阎皮等均演出了闹剧情趣，后阎振俗亦演出，但属模仿，未有师传。《打城隍》剧本已由笔者于1991年春季落笔成册。

二官差

秦二世　胡亥

雷不殛

张懒汉　王浪子

《宇宙锋》

秦二世胡亥荒淫，宠信宦者令赵高。赵高与婿匡忠有仇，害其全家，赵女艳容归家。胡亥一次夜入赵府，见艳容貌美，欲立为妃嫔。赵高询女，女矢志不从，得哑丫环暗示，分别在家中和金殿装疯哭闹，打破胡亥梦想。

《一口剑》中一折。秦腔引进京剧梅兰芳之杰作。马兰鱼亲拜梅于1959年，献艺于1988年。

原全本故事情节如下：秦赵高欲以己女艳容许婚匡扶之子匡忠，匡知其奸不允。赵请二世下诏主婚。匡忠与艳容婚后始知其贤。外地献鹿，赵高故指鹿为马，以测大臣趋向。群臣多顺其意。匡扶怒斥赵高，赵高怀恨，与康建定计，遣人盗取御赐匡扶之剑"宇宙锋"入宫行刺，被武士杀死。二世见剑，疑匡扶，赵高遂进谗，下匡全家于狱。匡忠得耗大惊，艳容用仆赵忠计，使匡忠乔装逃走。康建领校尉来捕匡忠，误将赵忠杀死。艳容趁机哭赵忠为夫，遂释众疑。"装疯、金殿"后，艳容逃走，住尼庵。匡忠在外从军，斩叛将马龙立功还朝，金殿与赵高质辩，后与艳容团圆。

赵艳容

赵　高

匡　忠　叛将（马龙）

赵　高　匡　扶

《博浪锥》

六国为秦所灭后,张良拟为韩国报仇,结交力士沧海公,拟于秦始皇车驾至时锥(锤)击之。沧海公劝张良先逃,自带铁锥在博浪沙行刺秦始皇,误中副车。沧海公被擒大骂而死,张良逃往项伯家隐藏。见《史记·留侯世家》、看松主人《双锤记》传奇及《西汉演义》第八回。一名《张良刺秦》,秦腔传统剧目之一。

《圯桥进履》

隐士黄石公遇张良于圯桥,故遗鞋于桥下,命张拾取。张无愠色。又约期相会,故意改期,试其坚忍之力。最后传以兵书,命佐辅刘邦灭秦兴汉。

一名《黄石公》。见《史记·留侯世家》、《孤本元明杂剧》、元李文蔚《圯桥进履》杂剧及《西汉演义》第八回。一名《圯桥授书》。与《博浪锥》为一本戏。佘庆民、史易风、秦鸿奎,甘肃月月子、常俊德曾演出。小戏皮影由兴平崔山岗(小戏名家)一人扮剧本角色演于乾、礼一带。

张 良

力士(沧海公)

黄石公

项 伯

《霸王遇虞姬》

　　项羽杀殷通起义，又降服季布、钟离昧。往涂山举鼎，收桓楚、英布，降龙马。遇虞子期，争鹿。虞父虞宣排解，使项羽与女虞五凤比剑订婚。

　　一名《玉麟符》。略见《西汉演义》第十一回。清逸居士编。关中跑台子及大戏曾演出。

《九战章邯》

　　项羽抗秦起义，秦遣大将章邯御之，项梁战殁。项羽救赵，斩宋义，代领帅印，以攻章邯。大战九次，大败章邯。

　　见《史记·项羽本纪》及《西汉演义》第十五回。秦腔名家汤秉忠、马裕斌、韩娃子、刘金山于20世纪30年代泛演于甘肃泾川、丰台、灵台、华亭等地。

殷通

钟离昧

英布

虞宣

宋义

章邯

《鸿门宴》

　　刘邦起义灭秦，先入咸阳。项羽嫉之，用范增之计，设宴于鸿门，召刘邦赴宴。范增欲害刘邦，命项庄舞剑行刺，张良暗使樊哙亦舞剑保护。幸赖张良、陈平、项伯等助，救刘邦脱险。

　　见《史记·项羽本纪》及《西汉演义》第二十二、二十三回。王正材、秦鸿奎、佘庆民演张良以慢、中、快三速道白颇见功力之深。笔者扮刘邦，被指定以小生扮装，剧词有答三事，三大联道白。这是1938年冬演出于甘肃省华亭县、灵台、安口窑等地之事。笔者亦曾扮韩信，有为项羽执戟，打盹被项鞭打情节……

刘邦

项羽

范增

韩信

项伯　陈平

项庄

《韩信》

韩信不得志时，遇漂母周济，投项羽帐下，为执戟卫士。殷桃娘为父报仇，行刺项羽被获。韩信计救之脱险，二人结为夫妇。

一名《殷桃娘》。前半见《西汉演义》，后半见近人《殷桃娘》小说。1951年至1952年名家刘毓中、宋尚华、马振华、肖若兰、阎更平、笔者演出于渭北各地县。

《萧何月下追韩信》

韩信逃出楚地入川，萧何识其才，荐于刘邦。刘未重用，韩信愤而出走。萧深以失去人才为虑，不畏路难，戴月追赶，劝韩信回转，再向刘邦推荐。刘邦始拜韩信登台为帅。

见《史记·萧相国世家》、元金仁杰《萧何追韩信》杂剧、明沈采《千金记》传奇及《西汉演义》第三十六至三十八回。汉中蒋作周、李庆民、袁兴民等演出。

樊哙

张良

项羽

韩信

殷桃娘

萧何

《霸王别虞姬》

　　刘邦与项羽约好鸿沟为界,各自罢兵。韩信命李左车诈降项羽,诓项羽进兵。在十里山十面埋伏,将项羽困于垓下。项羽冲突不出,营中听得四面楚歌,疑楚军皆已降汉,乃与虞姬饮酒作别。虞姬自刎,项羽杀出重围,迷路,至乌江,愧无颜见江东父老,自刎。

　　一名《九里山》,又名《楚汉战》、《亡乌江》及《十面埋伏》。清逸居士编。见《史记·项羽本纪》、《西汉演义》第七十九至八十四回及明沈采《千金记传奇》。刘毓中、宋尚华等曾在解放前后演出《殷桃娘》。《别虞姬》是1988年女演员胡波学习京剧路子,引向秦腔舞台的。项羽之脸谱由青年花脸演员新晓挪用京剧之谱。

虞姬　　项羽

李左车　　吕马童

西汉
故事戏

　　按：西汉故事戏少，取材较散，分见于史书、小说及元杂剧、明传奇中，但演出较多。如《苏武牧羊》、《斩韩信》等。

《纪母骂刘邦》

　　刘邦破楚，大宴功臣。随何陈纪信有荥阳替死之功，刘反称纪信假扮天子有罪，死不深究。随何愤而往告纪母。纪母怒至金殿责问。刘邦佯推醉后戏言，重加封赠，以安众臣之心。

《未央宫》

　　刘邦即位后，命陈豨出征。陈豨见韩信，韩信劝陈同反，并作内应。陈豨反后，刘邦亲往征讨，委吕后监国。吕后与萧何定计，诓韩信入未央宫，诬以圣驾高皇不在，私闯内宫，辱戏娘娘玉体之罪斩首。

　　一名《斩韩信》，又名《韩信表功》。见《史记·吕后本纪》、《西汉演义》第九十三回。秦腔须生唱功重头戏之一。先辈赵秉南、龚秉民、韩成运、韩崇喜均擅。20世纪30年代，咸阳益民社王正民（头班生）、吴治忠等亦杰出。东路渭北刘新赣更佳。王明华扮吕后，芭田德扮萧何（芭是未央宫马家堡子人），刘文华（笔者同学）扮陈苍女。

随何　　　　　　　　纪母　　　　　　　　萧何

吕后　　　　　　　　韩信　　　　　　　　陈苍女

《蒯彻上油锅》

韩信被斩，刘邦因蒯彻曾劝韩信谋反，命陆贾捕拿蒯彻问罪。蒯在金殿假作疯癫，刘邦大怒，欲投入油鼎烹之。蒯仍不惧，刘邦乃赦其罪。蒯并求将韩信首级葬于淮阴，刘邦许允，并封蒯彻为"舌辩侯"。

一名《蒯彻装疯》，见《西汉演义》第九十四回及元人《赚蒯通》杂剧。秦腔名须生赵云峰在20世纪40年代演于泾阳桥底觉民社，郭符中亦演出。

《斩彭越》

吕后、萧何既斩韩信，梁王彭越闻信震惊。太仆屡受彭越辱，恨而往长安告密。刘邦命陆贾召彭越至都对质。彭欲往，大夫蒯彻劝阻。彭不听，蒯乃自吊于城楼，使父老挡道。彭越犹豫，陆贾鞭彭马，并骑冲出。至长安，蒯彻引父老踵至，代彭申辩。刘邦乃将彭越削职为民，命赴蜀中。吕后知而故立街头阻彭，诬彭闯道行刺，将彭越斩首。

蒯彻　　　　　刘邦

彭越　　　　　陆贾

《反长安》

彭越既死，刘邦命梁太白赍药酒以赐九江王英布。英布识破，怒而领两女英姣、凤英率兵反攻长安，为彭越报仇。刘邦出战，被英部将罗布射伤。布兵围长安。

此戏与《斩彭越》连演。

《斩萧何》

萧何造招英馆，越城名士戴明（一作秋生）别母妻至都揭榜。萧何因戴侮韩信，怒而逐之。戴恨萧，造律例二部，自挖双目，临终嘱妻赵氏以上部献萧何。萧何献与刘邦。刘见缺下部，遂追问。戴妻告下部藏于戴明棺中。刘命萧何开棺见律载"开棺问斩"，乃斩萧何。

一名《秋生造律》。

梁太白

九江王英布

萧何

英布

《斩戚姬》

　　刘邦宠幸戚夫人,为其建"鱼藻宫",并拟立戚子如意为太子。吕后急求计于张良。张良请野老乔装商山四皓谏止,始作罢。改封如意为赵王。刘邦死后,吕后临朝,贬戚夫人入冷宫,将其残害成"人彘",后复将其母子害死。

　　一名《鱼藻宫》。见《史记·吕后本记》。这出戏是笔者十七岁时(1939年)在长武县看当地老戏班演出的。回忆那男旦扮吕后袒右膀、腰挎悬剑,带奸吕党众用毒酒、剁手、剜目、鞭打等刑将戚夫人及如意太子害死等表演,印象深刻。我们当时是咸阳益民社第四科娃娃班,阵容整齐,武打文唱皆使当地老戏班逊色。

吕后

戚姬　如意

《监酒令》

吕后专权,吕姓皆封王爵,每夜宴乐。朱虚侯刘章娶吕禄之女为妻,吕后以为吕党,亦宠信之。刘不满吕后所为,王陵、陈平、张苍等复激之。吕后宴时,令刘章监酒,刘章乃求以军法行酒。有两吕欲席,刘章立拔剑斩之,吕后亦无如之何,从此遂罢长夜宴饮。吕禄反,刘章与周勃、陈平等卒诛诸吕。

见《史记·齐悼惠王世家》、《史记·陈丞相世家》及《汉书·吕后纪》。秦腔一般仅演前半,角为主。董育生杰出。

《盗宗卷》

吕后拟夺汉祚,惧宗室反对,使御史张苍将其所管刘氏宗谱交出,当时烧毁。适淮河梁王刘通、田子春向丞相陈平索取宗卷,陈平迫张交出。张苍无卷,惧罪拟自尽。其子秀玉先已觇出吕后之意,将真卷藏起,吕后所烧乃副本。张苍闻而大喜,以真卷交陈平,并与田子春、陈平合计扶汉反吕。

一名《兴汉图》。须生做工戏、西安市易俗社常演出。

刘 章

陈 平

吕党天基

张 苍

《左袒安刘》

大将周勃欲诛吕，为测军心向背，乃向众将曰："若扶吕氏，袒下右膀，若辅刘主，袒下左臂"。令下，全军皆袒下左臂。遂诛吕众，刘氏乃安。

《淮河营》

蒯彻、李左车、栾布等因淮河梁王刘通（一作刘长）不知戚姬为己母，前往说之，被囚；又令田子春盗宗卷，梁王始悟，联合七国及周勃、陈平、张苍等共扶助刘恒（汉文帝）即位，杀诸吕报仇。吕后焚宫自杀。

一名《十老安刘》，本戏包括《盗宗卷》、《左袒安刘》在内。陇东名家白书来、月月子、佘庆民、高升平、马裕斌等演出。

周 勃

李左车

汉文帝（刘 恒）

《除肉刑》

太仓令淳于意犯罪，其女缇萦上书，愿代父受刑。汉文帝感动，赦淳于意之罪，并除去宫、剕（断足）、劓（断鼻）、刵（断耳）、大劈（杀头）等五种刑法（肉刑）。

一名《缇萦救父》。见《汉书·孝文本纪》及《列女传》。关中金言芝、王金良，西府张德明、李甲宝，甘肃孔新晟等演出。

《马前泼水》

朱买臣家贫，上山砍樵。其妻崔氏每日吵闹，最后逼其写具休书，改嫁泥水匠张三。朱买臣益加苦读，后中试为会稽太守。赴任之日，崔氏又被张三逐出，成为丐妇，迎朱马前，要求收留。朱买臣乃取盆水泼于马前，令崔氏收回盆内，始允收留。崔氏羞愧撞死。

见明人《烂柯山》传奇及《渔樵记》传奇。

淳于意

张　三

朱买臣

崔　氏

《文君当垆》

司马相如不得志时，访临邛令王吉。王荐其在卓王孙家操琴。相如与卓新寡之女文君互生爱慕。文君请父允婚，卓嫌贫不允。文君偕相如私逃，在临邛开设酒肆。卓王孙深以为耻。相如献《子虚赋》，汉武帝（刘彻）拜其为中郎将。相如荣归，卓王孙献金相认。

一名《卓文君私奔司马相如》、《当垆艳》。见《史记·司马相如列传》、《孤本元明杂剧·私奔相如》、清袁于令《鹔鹴裘》传奇、朱凤森《才人福》传奇、清黄燮清《茂陵弦》传奇。西安易俗社新秀戴春荣演出，曾获梅花奖。

《上元夫人》

汉武帝（刘彻）求神仙，与董仲舒、东方朔在承华殿讲论。忽仙女从天而降，传王母之谕：因感刘彻虔诚，特遣郭密香、阮凌华、董双成、许飞琼四仙女伴上元夫人至宫。届期果至，歌舞而还。

见《汉武帝外传》及清人《钩弋宫》传奇。

司马相如

卓文君

东方朔

董仲舒

李延年

《银燕关》

匈奴王吴芳听毛延寿之言,向汉索昭君。李广拒之,连败石氏父子。李子李虎、媳百花公主出兵战死,李广调银燕关守将赵英、张玉龙助战,大败匈奴。匈奴求救,毛延寿献计,用娄礼燕为帅,甘奇为先锋,再攻汉边。李出战,力斩甘奇。娄劫营,李又败之。仙翁李元真助娄摆阵以困李广,攻下雁门关。赵英战死,张玉龙失守银燕关。汉帝闻报大惊,用张元伯计,以其女月华假扮昭君和番,被毛延寿识破。匈奴欲斩娄礼燕,李元真求情。二次伐汉,李广不敌,允代奏请昭君和亲。

匈奴王吴芳　　　　毛延寿　　　　李　广

李　虎　　　　娄礼燕　　　　甘　奇

《骂毛延寿》

毛延寿降匈奴，献昭君图。李陵兵败而降，汉元帝不得已使昭君和番。苏武出使匈奴被囚，感事皆因毛延寿而起，痛骂一场。

此段皆系全本《苏武牧羊》中一场。见杂剧及明人《牧羊记》传奇。一名《番邦缘》。西安三意社苏育民（老三）与兄苏哲民（老大）、苏蕊娥（哲民之女），曾合作演出于20世纪40年代初期，尤其是打雁一折三人对口接板唱段，常常引爆台下阵阵掌声。

笔者当时十九岁左右，曾几次在该社演出《哭祖庙》、《罚子都》、《翠屏山》，后来还演出了《拷寇》等。苏育民的《苏秦激友》，苏哲民的《陆昭君逼宫》、《风波亭斩岳飞》，当时在西安城曾轰动一时。名须生王天培和笔者当时是外县合演《苏武牧羊》的佼佼者。

苏武

汉武帝　　卫青

李陵

《昭君出塞》

汉元帝选妃，命画工毛延寿描绘真容。毛向昭君索贿未遂，将其丑化。元常驻见画冷落昭君。后二人偶遇，帝方知受骗，欲斩毛延寿。毛携昭君真容降单于。单于见昭君美貌，兴兵索取。元帝无奈，命昭君和番。昭君深明大义，慷慨出行。后毛延寿被单于杀死。

又名《汉明妃》、《青冢记》。略见《汉书·匈奴传》、元马致远《汉宫秋》杂剧、关汉卿《哭昭君》杂剧、吴昌龄《月夜送昭君》杂剧、明陈与郊《昭君出塞》杂剧及明人《和戎记》传奇。舞蹈性强。张彩香、马兰鱼表演均佳。两女伶皆向京剧四大名旦之一之尚小云拜师而学艺。丰富了秦腔技艺。马兰鱼尝试在秦声中加入昆腔曲牌演出。

单 于

《龙凤旗》

汉宣帝时，胡后母子被太师苗宗善诳害，逃出宫院。子景文奉母命至长安寻父，先谒丞相张敬宗。张知其身世，入朝见帝，假称胡姓举子应考。苗宗善阻挠未成。景文既入朝，帝试以联对，景文对答如流。帝夺苗都察院之职以予景文。苗恨之，故意馈赠厚礼，诬其受贿。景文上殿指揭苗阴谋，帝又赐以尚方剑、龙凤旗以制苗。

20世纪40年代初期，以赵云锋、乔福元（号黄鼠狼）、孟老旦、李广华（男旦）、赵云秀用同州梆子传统戏排演于泾阳县觉民社。

苗宗善

张敬宗

《莲花公主》

汉武帝立表妹阿嫣为后,又爱平阳公主侍儿卫子夫,封为妃嫔。卫子夫生一子。外国进贡,献有"定风珠"、"催花鼓"、"消雪镜"、"唤月杯"四宝,被四魔盗去。东方朔讨旨往夺,被四魔战败。观音女弟子莲花公主救之,欲与其成婚。东方朔拒之,回朝复旨。武帝仍逼其夺宝。东方朔从友之教,往南极仙翁、太上老君、元始天尊、观音等处借宝降魔。唯观音以允从莲花公主婚事为约。东方朔应允,借宝降魔,夺回四宝。武帝主婚,东方朔遂与公主成婚(以上为头本)。

王母派东方朔作桃园总管。百花仙子亦因爱东方朔致使莲花公主猜疑,大起风波。东方朔求王母将其面貌变得苍老。莲花公主悔之不及。后金蝉祖师请妖仙攻观音,观音求莲花公主解围。东方朔又奏请武帝派卫青领兵平乱。武帝欲立卫妃子刘据为太子,皇后与御弟陈獯设计暗害卫妃母子,先掳去刘据。卫妃寻子,母子相逢。刘据救母回宫,被立为太子(以上为二本)。

此剧虽长,却无故事根据。常演于灯形亮子。

四魔之一(白狐)

元始天尊

南极老人

四魔之二(实为盗)

四魔之三(寇)

四魔之三(巨贼)

新莽及东汉故事戏

按：新莽及东汉故事戏多见于评书《东汉演义》。坊间所刻《东汉演义》，只按史书直叙，与戏文几乎完全不同。

《松棚会》

　　王莽欲篡汉，与王寻、苏献合谋，假设松棚会，用药酒毒死平帝，又命王寻、苏献向孝元太后逼献玉玺。太后以玉玺投击王寻，投井而死。吴开山怒骂王莽，被斩。王莽以女婿配吴汉，命镇守潼关。

　　见《东汉演义》第一回及《群星辅》传奇。梁德旗、阎皮、金言芝等以及跑台戏常演出。

王　莽

吴　汉

苏　献

王　寻

吴开山

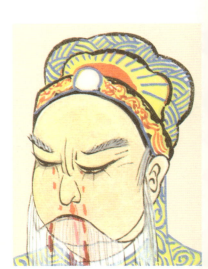
汉平帝

《反八卦》

　　王莽弑汉平帝后，王后身怀有孕。徐世英占卜断为男胎，王莽欲斩草除根。上大夫蔡伯钦亦占卜，断为女胎，与徐互争打赌。蔡归愁叹，其妻杜氏问故。蔡告情，杜氏亦称后必生男，但有救星，因已将生女，可以替换。后既生太子，蔡伯钦暗用己女换回府中。徐世英疑，三搜蔡府，杜氏力阻而亡。蔡携太子逃出，徐世英追赶。真武大帝因蔡、徐为龟蛇转世，下界收服二人，太子脱险。

　　一名《龙凤换》、《凤龙出世》，实系《松棚会》本戏中之一节。

《王莽闹》

　　王莽称帝后，设立武科场。马武、岑彭比武，不分高下。王莽喜爱岑彭相貌，选其为武状元。马武不服，反出武科场，奔太行山落寇。

　　常用名《夺元》，又名《武夺魁》。见《东汉演义》第十六、十七回。已故名家华启民、陈西秦科班基础幼功戏之一。赵寿钟由前辈名家梁德旗亲授扮马武，考印子扮岑彭。

蔡伯钦　　徐世英

岑彭　　马武

《玉虎坠》

马武占据太行山,下山访贤,路遇卖卜人王滕,同至酒肆饮酒,与冯昭之子冯彦口角相争。马武不敌,爱慕冯彦武艺,拟请其上山聚义。使王滕劝说,被冯彦驱出。马武乃将王滕杀死,将王滕头拴挂冯彦门环。适冯彦继母田氏因嫉冯彦,诬其杀人。州官察系田氏诬告,欲用刑法。冯彦尽孝屈招,被押入监中。州官将王滕之女娟娟寄居尼庵。田氏又诬冯彦妻伏氏与僧人通奸——实为田氏前夫之子贺基涓假扮僧人,将僧帽故遗冯妻门前。伏氏母子被田氏赶出,遇雨避往尼庵。王滕托兆使娟娟自嫁冯彦子乾郎。娟娟赠冯母子玉虎坠变钱救父。乾郎被大将王元认为义子。伏氏娟娟寻乾郎,被马武部下劫至山上。马武闻知,代为审勘,母子夫妻相会。马武为救冯彦起兵,大将王元用火攻之计战马武。冯昭奉命招安,马武降顺归汉。王元之女碧莲、王滕之女娟娟皆与乾郎成婚。冯彦合家团聚,杀贺基涓母子。

笔者开蒙戏之一,扮乾郎。

州官　田氏　忤作子

王滕　贺基涓

马　武

冯　彦

《遇龙镇》

　　王莽篡汉后，捕拿刘秀。刘秀与邓禹、马武失散，至遇龙镇投宿，被店主李大之妹月仙识破。刘秀求婚，月仙藏之于室，被嫂王氏发现。月仙以实告知。王氏转告李大，李大欲出首，王氏以马武吓之，李乃默许。

　　见《李汉演义》，丑角、花旦为主闹剧之一。又名《李大烧窑》。咸阳东纪演出。

《鬼神庄》

　　刘秀起兵伐王莽，广求英雄辅佐。闻鬼神庄有猎户铫期勇武绝伦，乃同军师邓禹往访。连去两次，铫期俱因母年迈推辞不出。邓禹临行，在草堂题诗，暗劝姚母助子成名。铫母夜梦青龙来家，引走猛虎，又见诗，乃命铫期往投刘秀。铫期仍因母年迈不肯，姚母自尽。刘秀又来，铫期始允相助。适苏献来搜刘秀，邓禹用计脱身。

　　一名《刘秀走国》、《白水村》。见《东汉演义》第三十六回及《群星辅》传奇。梁德旗、李应才均演出。

李大　王氏

邓禹

铫期

《斩经堂》

　　王莽将女南宁公主婚配吴汉，又命吴汉镇守潼关。吴汉擒获刘秀，吴母劝勿杀害，反将刘秀放走，并告吴汉王莽曾杀死吴父（开山），劝其杀妻投刘。吴汉不忍，吴母相逼。吴汉至经堂，公主正念经祷吴母长寿。吴汉凄然落泪。公主见吴汉带剑而至，问明后，乃夺剑自刎。吴母亦自缢。吴汉绝念，火烧府第，投刘秀。

　　一名《吴汉杀妻》，见《东汉演义》。刘易平、礼泉县王天培，甘肃酒泉秦剧团王新民均擅演。1990年冬，王新民曾亲手抄《斩经堂》脚本寄赠笔者。笔者早年曾以老路子于甘肃泾川、镇原各地演出。

王 元

刘 秀

《取洛阳》

　　刘秀攻洛阳，洛阳守将苏献防守甚严，无隙可乘。元帅邓禹利用马武与岑彭不和，假意重用岑彭。马武不服喧闹。邓禹故责马武四十军棍，驱之回山。途中马武悟得苦肉计，诈降苏献，攻破洛阳。

　　一名《光武兴》。略见《东汉演义》第五十回及《赐绣旗》传奇。二花脸重头戏。名家华启民、陈西秦，先辈安德恭、李怀坤、刘金山、李应才等均擅演。

《飞杈阵》

　　马援父子镇守昆阳。刘秀来攻，子马洪归降刘秀。马援知而欲斩子。马武等劫出马洪。马援来追，为耿弇等所败，亦降刘秀。王莽又派牛邈来援，摆设飞杈阵。马援父子破阵。

　　一名《马援归汉》。见《孤本元明杂剧·聚兽牌》。又名《破昆阳》。

马援

苏献

马武

《草桥关》

刘秀登基后，命铫期镇守草桥关；日久思念，又命马武、杜茂、岑彭三人替回铫期伴驾。铫期入京后，其子铫刚打死郭太师。铫期绑子上殿请罪，刘秀怒而将铫期全家问斩。适马武因牛邈攻打草桥关，回京搬兵，闻信，闯宫保奏，逼刘发下赦旨，使铫期父子戴罪出征。刘秀亦念其父子有功于国，只将铫刚发配湖广，并慰留铫期，劝勿辞官。后酒醉后听谗言，斩了铫期。

一名《上天台》，与《打金砖》为前后两本。全本中之两折亦常单演。须生花脸重叹戏之一。华启民、汤秉忠、王朝民、袁兴民、马裕斌、佘庆民、史易风等常演于陇东各地，刘金山、王正财（甘肃）擅叹。

军师邓禹

铫期

《打金砖》

　　铫刚打死郭太师，刘秀酒醉，传旨立斩铫期，并诛邓禹等功臣二十余人。马武闯宫谏奏不准，用砖自击死于金殿。刘秀醒而悔，哭祭功臣。马武魂活捉刘秀之魂。

　　一名《绿逼宫》，又名《二十八宿归天》。

　　按：《草桥关》、《上天台》、《打金砖》三戏，内容基本上相同，剧情结构略有分歧，演出亦并存。术语称"胡联管子"（胡乱编造）。

铫　刚

《探五阳》

王英降服神马，被封为神行太保。后因刘秀醉斩忠良，王英、铫刚反汉。王英踞二龙山，一日见公主天仙女为卢安公主追击，出而救之，始知刘唐私通外寇，幼主逃亡。王英复归汉。公主命王英探访幼主下落。王英遍至棘阳、枣阳、昆阳、湖阳、栗阳寻访。

《投笔从戎》

班超家贫，为人佣书，见匈奴内侵，毅然有感，谓："大丈夫当立功外域"，乃投笔从戎。果开通西域，封万里侯。

一名《班超》、《万里侯》。见《后汉书·班超传》、元鲍吉甫《忠义士班超投笔》杂剧及明丘浚《投笔记》传奇。西安易俗社、三意社、咸阳益民社、宝鸡新汉社等演于抗战时。

王英

班超

《渔家乐》

东汉章帝死，其孙清河王刘蒜将继位，奸臣梁冀乃立渤海王刘瓒，旋又弑之，图灭刘氏家族。刘蒜逃走。书生简人同因贫售书，受邬渔翁及女飞霞周济。飞霞卖鱼，遇九天玄女，赠以神针嘱留后用。马融因女瑶草谏己勿从梁冀，怒而逼女至简人同家下嫁以辱之。简惶惑，邬氏父女撮合成婚。端阳节渔家聚饮，刘蒜逃走，校尉追射之，误将渔翁射死。刘蒜避入渔舟，飞霞问明，助之脱险。梁冀忽又命马融献女为歌姬，飞霞不平，冒瑶草名入梁府，以神针刺死梁冀。相士万家春亦被梁冀软禁府中，识飞霞，用计助之脱险，闻刘蒜起兵，往投之。刘蒜立飞霞为后，平梁党，逮马融，知其为简人同岳父，特赦之。马瑶草指父前非，马融悔罪。

见明朱佐朝《渔家乐传》传奇。一名《枫洛池》，与《渔家乐》老路子由甘肃省陇剧团以陇东道情演出，后由陕西省戏曲研究院段林菊、温喜爱、张新尚、王景山、王富兴等以《刺梁冀》演出。名宿靖正恭杰作。笔者继后与靖正恭同演《吃鱼》一折。

梁 冀

三国故事戏

按：三国故事戏，绝大多数取材于《三国演义》，只有《斩熊虎》、《斩貂蝉》等数出例外。至于《黄鹤楼》、《单刀会》等，则直接继承元杂剧之传统。

《斩熊虎》

关羽因蒲州恶霸熊虎父子勾结县令，强占士人张继昌之女鸾娇，心怀不平，在公堂杀死熊虎及县令后逃走。追兵追之，观音点化清泉，关羽洗面，变为红脸脱险。

一名《关公出世》。见彭宗古《关帝外纪》及《孤本元明杂剧·桃园结义》。桂剧、丝弦有《杀熊虎》，川剧有《步月杀熊》。

《三结义》

关羽杀人后逃至涿郡，遇张飞卖肉，又遇刘备，三人志趣相投，在桃园杀白马、宰乌牛祭天结拜。

见《三国演义》第一回及《孤本元明杂剧·桃园结义》。

鸾娇

熊虎

县令

《鞭打督邮》

刘备授职安喜县县尉，督邮逼索贿赂。张飞怒将督邮缚于树上鞭打。刘备弃官和关、张出走。

一名《打督邮》。见《三国演义》第二回。兴平崔山岗（小戏名家、益民社第四科），由李步林等设计动作演出于长武、灵台等地。泾阳觉民社亦曾演出。

刘备

关羽

督邮

张飞

《磐河战》

袁绍与公孙瓒约定夹攻韩馥，平分冀州。袁得地后，公孙瓒命弟公孙越至袁处索地，为袁绍暗遣大将麹义杀死。公孙瓒兴兵报仇，会战于磐河。瓒兵败，袁部将颜良、文丑追杀。赵云在袁帐下因不被重用，乃败文丑等救公孙瓒。

见《三国演义》第七回。生角、小生为主。汉剧、河北梆子都有《磐河桥》，秦腔、同州梆子都有此剧目。

颜 良

文 丑

曹 仁

许 褚

袁绍

韩馥

公孙越

夏侯惇

《凤仪亭》

　　董卓既纳貂蝉，吕布无由得见。乘董卓入朝，入内私见貂蝉。貂方梳妆，故作悲叹，与吕私会于凤仪亭。董回府撞见大怒，以吕布之戟追掷，父子反目。

　　一名《梳妆掷戟》。见《三国演义》第八回。有明王济《连环记》传奇。秦腔、同州梆子有此剧目。

丁原

司徒王允

张温

李肃

《借赵云》

刘备为解徐州之围，往公孙瓒求借赵云，二人途中论英雄。张飞见云轻视之，赵败典韦，张乃服。徐州围解。

传统小戏。见《三国演义》第十一回。

赵 云

典 韦

袁 术

《辕门射戟》

袁术遣大将纪灵攻刘备,并约吕布夹攻。刘备亦求援于吕。吕布乃设筵,为两家解和。纪灵不纳,吕布射戟以解,纪灵惧而撤兵。

见《三国演义》第十六回,小生戏。秦腔、同州梆子有此剧目。

纪灵

刘备　张飞

纪灵

《白门楼》

曹操与刘备合兵，围下邳，攻吕布，决沂、泗二水淹城。吕布迷于酒色，又待下属不仁，吕将侯成盗赤兔马降曹，宋宪、魏续内应献城。吕布被擒，被曹操斩于白门楼。

传统本戏，别名《水淹下邳》、《斩吕布》。见《三国演义》第十九回。

《许田射猎》

曹操请献帝许田射鹿，曹一箭射中，军中为之三呼万岁；曹又设青梅宴，请刘备往赴，宴间，与刘议及当代英雄，刘惧惊失箸。宴未终，刘讨兵往伐袁绍，后同关、张逃往徐州。

传统本戏，别名《煮酒论英雄》、《许田射鹿》。见《三国演义》第二十回。

吕布

关羽

马腾

曹操

《火烧新野》

曹操闻夏侯惇兵败，复起大军攻刘备。刘备用诸葛亮之计，诱曹仁等入新野，城中纵火，又用水淹曹兵，大败曹仁。

见《三国演义》第四十回。笔者演出此剧曾扮演刘琦、赵云两个角色。

《汉津口》

赵云突围，将阿斗交与刘备，刘备感慰之。曹兵又至，关羽从江夏搬兵至，突出挡曹，刘备脱险。

见《三国演义》第四十二回。以上与《汉阳院》连演为《长坂坡》全本。兴平小戏名家崔山岗口传台词，益民社由大戏名家李步林、左正华、陈西秦民排导，曾演出于甘肃陇东各市镇，颇受欢迎。

夏侯惇

刘 备

张 飞

许 褚

夏侯恩

夏侯尚

《长坂坡》

刘备投江夏，曹操大军追及，刘备眷属均于乱军中失散。赵云匹马独闯重围，救出糜竺、简雍、甘夫人等，糜夫人托子阿斗于赵云，投井而死。赵云怀抱阿斗，夺得夏侯恩宝剑，力战突围脱险。张飞大闹长坂桥，吓退曹兵。

一名《单骑救主》，又名《当阳桥用计》。见《三国演义》第四十一、四十二回。秦腔、同州梆子有本戏。秦腔常演戏之一。笔者青少时擅演于甘陕。1980年前后笔者曾依《三国史话》改编写了《长坂坡》全本，托付户县张艺全将剧本拿去，托他为新生排导，作为练素质的教材。

糜夫人　　　　　赵云

张辽　　　　　简雍

《舌战群儒》

曹操既得荆州,乘势欲下江东。孙权遣鲁肃至江下邀请诸葛亮过江,议和战之事。东吴众官张昭、虞翻等纷纷向诸葛亮问难,被诸葛亮一一驳到。

一名《孔明过江》。见《三国演义》第四十三回。

《激权瑜》

诸葛亮舌战群儒后,鲁肃将其引荐给孙权。孙对或战或和不能决,诸葛亮激之;又见周瑜,以曹操欲掳二乔之说激之,周瑜怒而决心联刘拒曹。

见《三国演义》第四十四回。

鲁子敬

虞翻

张昭

孔明

《群英会》

　　曹操统兵八十余万，南下侵吴。诸葛亮奉命来吴，与周瑜参赞军务，合力抗曹。瑜之故友蒋干来访，瑜测知其意，作反间伪书，使蒋中计。蒋盗书回见曹操，曹怒斩水军头领蔡瑁、张允。瑜忌亮才高，命亮三日内造箭十万，欲借机杀亮。诸葛亮得鲁肃协助，草船借箭。周瑜又与黄盖定"苦肉计"，使其假意降曹。周瑜与诸葛亮拟用火攻曹营，命庞统献"连环计"，使曹营战船连环锁起。孔明又于南屏山设坛祭风。东风起时，黄盖以归降为名，乘小舟驶进曹营，火烧战船。周瑜、刘备遣兵马夹攻，曹兵大败，逃归许昌。诸葛亮为刘备争得荆州。

　　传统本戏。见《三国演义》第四十五至第五十回。其中折子戏《蒋干盗书》、《打黄盖》、《借东风》、《赤壁鏖兵》较流行。

曹操　　　蒋干

黄盖　　　庞统

《取长沙》

诸葛亮命关羽攻长沙,守将韩玄命黄忠出战,不分胜负。是夜,关羽梦兆以拖刀之计可胜,翌日交战,关羽果以其计使黄忠马失前蹄。关羽惜其才,遂释之。翌日,黄箭射关羽,故意只中其盔缨,以报其不斩之恩。韩玄疑黄忠通敌,欲斩。魏延讲情不允,怒杀韩玄,以长沙降刘备。

传统小戏,别名《战长沙》。见《三国演义》第五十三回。

黄忠

魏延

《美人计》

　　刘备赘婚东吴后，周瑜故用声色、宫室以羁縻之，刘备果不思回转荆州。赵云用诸葛亮所付锦囊之计，诈称曹操袭取荆州。刘备求孙尚香走，孙允，辞母同潜逃。周瑜遣将追截，又皆为孙夫人斥退。周瑜率兵继至，诸葛亮已预备船只接应刘备脱险，周瑜反为所败。

　　一名《回荆州》。略见《锦囊计》传奇及《三国演义》第五十五回，与《甘露寺》连演。秦腔有《回荆州》。笔者九岁时扮演周瑜，十五岁益民社二班演赵云。

乔　玄

贾　化

孙　权

《黄鹤楼》

　　周瑜设宴于黄鹤楼,伏兵楼下,诓刘备过江,逼写退还荆州文约,并嘱部属非有令箭不得纵放。刘失措,而诸葛亮事先将借东风携走之令箭一支,装入竹节中预付赵云,此时破竹出示。周部下不察,刘备得安然脱险。

　　一名《竹中藏令》,见元人《刘玄德醉走黄鹤楼》杂据,秦腔、同州梆子有此剧目。小生重头戏,张新华、笔者擅演此剧。

《柴桑口》

　　周瑜气死后,诸葛亮至柴桑吊祭,哭诉不能合力据拒曹之憾。东吴部将始欲杀之,为其哀哭所动。诸葛亮劝庞统投刘备,然后安然回荆州。周瑜子追之,被张飞吓退。

　　一名《孔明吊孝》,略见《三国演义》第五十七回,秦腔有此剧目。

丁奉

张飞

赵云

《反西凉》

马腾之子马超得父凶耗，与父至交韩遂同领西凉兵马伐曹报仇，连破长安潼关。曹操引兵拒之，马超英勇大败曹兵。曹操割须弃袍而逃。

一名《割须弃袍》，武生为主。见《三国演义》第五十八回，秦腔有此剧目。王新华、杨安民、王集志、谢新民、笔者擅演。

曹洪　马超　曹操　徐晃

《张松献地图》

　　益州刘璋欲联曹共御马超，遂遣部属张松往说。张松暗地绘制西川地图，欲投曹操，未纳。张又转投刘备，受到厚待，遂献地图，约取西川。

　　传统小戏，见《三国演义》第六十回。别名《献西川》。

《截江夺斗》

　　孙权屡讨荆州不得，知刘备入川，乃用张昭之计，差心腹周善赴荆州，伪称母病，接孙夫人携阿斗归省，欲以阿斗为质，换取荆州。孙夫人不察，登舟。赵云得知，驾舟追赶，跃上大船，夺回阿斗。张飞踵至，杀死周善，同保阿斗回荆州。

　　一名《拦江截斗》。见《三国演义》第六十一回。

张　松

赵　云

周　善

张　飞

《过巴州》

　　张飞奉命攻打巴州，守将严颜坚守不出。张飞乘夜另扮一人为己状，计擒严颜。张劝降，严斥，张慕其骁勇忠义，乃跪地求降，严颜感动，献城降之。

　　传统本戏，别名《收严颜》、《夜过巴州》。其中有同名折戏《过巴州》较流行。见《三国演义》第六十三、六十四回。

老的　　少的　　严颜　　草包（徐大汉）

《两将军》

　　马超兵败投张鲁，张鲁命其攻葭萌关牵制刘备，以救刘璋。诸葛亮故用激将之法遣张飞迎敌。张马二人在葭萌关前力战，日以继夜，不分胜负。刘备喜马超之勇，亲下城解围，马超终为所动。

　　一名《葭萌关》，又名《夜战马超》。有加演李恢劝降者。另有一种演法，马超用老生扮演，名《夜截》。见《三国演义》第六十五回。汉剧、秦腔、同州梆子有《战马超》。

《冀州城》

　　马超败曹兵后，结好羌兵，攻取冀州。刺史韦康迎降，为马超所杀。参军杨阜不降，马超礼敬之。杨诈降，且荐梁宽、赵衢于马，马亦重用之。杨阜伪称归葬其妻，劝说历城守将姜叙合力抗马。马怒攻历城，夏侯渊夹攻马超。马败回冀州，赵衢拒而不纳，反将马之妻、子绑于城头，一一杀死。马悲愤失措，大败而走。

　　一名《战冀州》。见《三国演义》第六十四回。秦腔有《马超哭头》。

中国戏曲脸谱

秦腔历代故事戏脸谱

张飞　　　　马超

韩遂　　　　马岱

马 腾

杨 阜

庞 德

夏侯渊

中国戏曲脸谱

秦腔历代故事戏脸谱

《逍遥津》

汉献帝（刘协）因曹操权势日重，心中不安，与伏后计议，草血诏与伏后父伏完，嘱约同孙权、刘备为外应以除曹。献帝遣内侍穆顺送去。曹操得知，率众把住宫门，从穆顺发髻中搜出伏完密书，带剑入宫，命华歆将伏后乱棒打死并鸩杀其二子，杀伏完、穆顺宗族。

一名《白逼宫》，见《三国演义》第六十六回。剧名似不恰合，实则前有张辽拒孙权、大战合肥情节，后演出略去，秦腔有此剧目，名《毒皇儿》、《白逼宫》。

曹操

吕范

孙权

《定军山》

　　张郃兵败惧罪，又攻打葭萌关。老将黄忠、严颜向诸葛亮讨令拒敌，合力杀退张郃；又乘胜攻占曹军屯粮之天荡山，杀死夏侯德。黄忠另引一军攻打曹军重镇定军山。守将夏侯渊出战，不相上下。夏侯渊擒去牙将陈式，黄忠又擒住夏侯渊之侄夏侯尚。黄设计于走马换将之时，箭射击渊侄，激怒夏侯渊来追赶。黄引其至荒郊，用拖刀计斩之。

　　见《三国演义》第七十、七十一回，情节不尽同。秦腔有此剧目。

严颜　　　　　　　　　　　　夏侯德

张郃　　　　　　　　　　　　黄忠

《水淹七军》

刘备自立汉中王后,命关羽以荆州之师攻襄阳。关羽攻破襄阳,进攻樊城。曹操遣于禁、庞德往救。庞德预制棺木,誓与关羽死战,并箭射关羽。于禁嫉庞之功,移七军转屯城北罾口川。关羽乘襄江水涨,放水淹之,生擒于禁、庞德。

见《三国演义》第七十三、七十四回。秦腔有此剧目。

庞 德　　　　吕 蒙

周 仓　　　　关 平

《走麦城》

曹孙联合，夹攻关羽。孙权拜吕蒙为帅，吕诈病，陆逊代为都督。关羽轻敌，竟撤荆州之兵，攻打樊城。吕蒙乘虚袭取荆州，汉将糜芳、傅士仁降吴，献出公安、南郡。关羽大败，退守麦城。廖化去上庸搬兵，刘封、孟达与关羽有隙，拒不发兵。关羽率兵突围，被伏兵所擒遇害。

移植京剧传统小戏，见《三国演义》第七十六回。

《鼓滚刘封》

关羽荆州危急，刘封坐视不救，关羽毙命。张飞驻兵阆中，闻知心中怀恨，遂移兵上庸，欲杀刘封。但刘封兵权在手，不好妄动。张飞以刘封有谋位之心，诱其藏入铜鼓。刘封不知是计，投身鼓内，被张飞滚下蝎子山。

同州梆子传统剧目。又名《鼓滚山》、《蝎子山》、《战山》。为净脚唱做工重头戏，武戏文演。安德恭、同州儿、王赖赖演出代表戏。1955年杨公愚请王赖赖住易俗社为王仲华、雷震中传授，并排练演出。

陈 武

关 羽

张 飞

孟 达

《小桃园》

　　刘备得关、张凶信，愤而兴兵伐吴。关羽之子关兴，张飞之子张苞亦各引军请从。二人为夺先锋印各不相让，刘备喝止，训以应效其父结为异性兄弟，共报父仇。

　　见《三国演义》第八十二回及《双忠孝》传奇。

关兴

张苞

刘备

《伐东吴》

　　刘备伐吴，关兴、张苞擒斩吴将谭雄、谢旌献功，刘备设宴劳之。筵间回忆往事，慨叹昔年五虎上将，所余无几，存者亦多老迈，激怒老将黄忠。不待终席，单骑杀入吴营，力斩崔禹、史迹二将，大败潘璋。潘部将马忠暗放冷箭射中黄忠，赖关心、张苞接应回营。黄忠伤重而死，临终谏刘备应先伐魏。

　　一名《黄忠带箭》，见《三国演义》第八十二、八十三回，秦腔、蒲剧均有，名《大报仇》。

谭雄　　　　史迹

谢旌　　　　曹吾

《活捉潘璋》

刘备败吴兵，关兴追杀潘璋迷路，投宿草茅，潘璋继至，关羽显圣，助关兴杀之。关兴得父龙刀。又遇马忠被围，张苞救之出险。

一名《大报仇》。见《三国演义》第八十三回及《双忠孝》传奇，秦腔、同州梆子有此剧目

《七擒孟获》

诸葛亮帅马岱、赵云等南征孟获，七擒七纵，使孟获心服，誓不复反。并擒董图哪、阿会喃、木鹿、祝融。

见《七胜记》传奇及《三国演义》第八十七回至九十回。

潘璋　　　　　　马忠

轲比能　　　　　孟获

曹 真

鲜卑王

马 岱

《取街亭》

诸葛亮挂帅取街亭,魏将韩德拒于西川。亮计激赵云枪挑韩德父子五人,终得街亭。传统本戏,《三国演义》第九十二回。

老赵云

韩 虎

韩 英

韩 德

《失街亭》

诸葛亮闻魏又启用司马懿为帅，因街亭为汉中咽喉要地，拟派将驻守。马谡请令，诸葛再三叮嘱须靠山近水扎营，并令王平辅之。马谡刚愎自用，违令，又不听王平谏言，竟在山顶扎营，因而为魏将张郃所败，街亭失守。

见《三国演义》第九十五回。秦腔有此剧目。

王 平　　　　　　　　马 谡

司马懿　　　　　　　张 郃

《斩魏延》

诸葛亮死后，蜀军撤退，司马懿引大军追击，姜维用诸葛亮遗计，以木像惊退之。魏延谋反，与杨仪、姜维不协，马岱假意助魏延与杨仪对垒时，背后将魏延杀死。

见《三国演义》第一零四、一零五回，名家汤秉忠、梁德旗、刘金山、李怀坤、魏永奎皆擅演。

《红逼宫》

魏主曹芳因司马师自败蜀后跋扈专权，剑杀曹诩，忌恨，与张皇后父张缉、太常夏侯玄、中书令李丰密议，暗草血诏，拟结连姜维、夏侯霸诛讨司马师。被司马师得知，搜出血诏，杀死三人，又杀张后，废曹芳。

一名《废曹芳》。见《三国演义》第一零九回及《龙凤衫》传奇。梁德旗、李怀坤、刘金山等均擅演。

魏延　　　　　　司马师

马岱　　　　　　姜维

《渡阴平》

邓艾、钟会分兵入川，邓艾欲与钟会争功，乘钟会与姜维相持之际，暗引本部，从阴平小路偷渡摩天岭，直取成都。

见《三国演义》第一一七回，秦腔有此剧目。

《江油关》

邓艾偷渡阴平，江油关守将马邈惧而欲逃，其妻李氏谏阻不听降邓艾，李氏自缢。邓艾厚葬之，攻绵竹。诸葛瞻中埋伏，自刎。其子诸葛尚报仇，阵亡。

见《三国演义》第一一七回，秦腔传统剧目。

钟会

邓艾

唐代
故事戏

按：隋唐故事戏多见于《隋唐演义》、《说唐演义》、及《西游记》、《绿牡丹》小说，亦见于元杂剧、明传奇，唐末事则多本《残唐五代史演义》。近人又本唐人小说新编或改编，丰富剧目不少，神话爱情故事剧目亦渐多。

《拜昆仑》

孙悟空在花果山为王，忽起寻师访道之意。遂漂洋过海，在昆仑山斜月洞中，拜须菩提为师，终学成七十二变及筋斗云神通。回到山中，杀死混世魔王。

见《西游记》第一、二回。

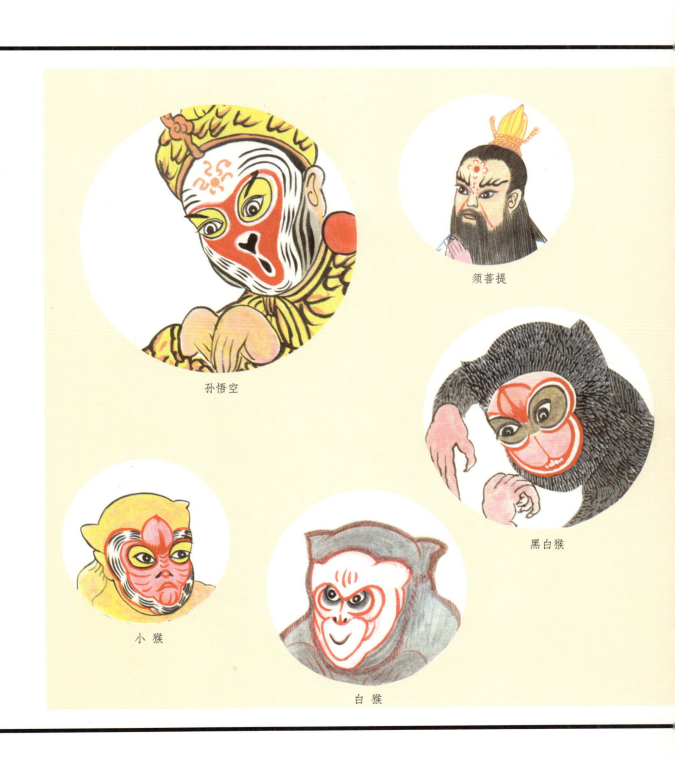

孙悟空　　须菩提　　黑白猴　　小猴　　白猴

《水帘洞》

　　猴王孙悟空聚义花果山，下海见龙王，索取兵器，得"定海神针"（即金箍棒），大闹龙宫。

　　一名《闹龙宫》，又名《花果山》。樊小鱼、王化武、陈新民（甘肃张掖）等代表作。见《西游记》第三回。

王八将

虾　将

水　族

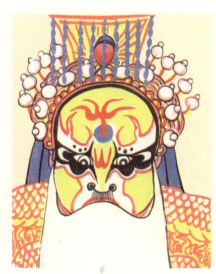

龙　君

《闹地府》

孙悟空大闹地府，勾毁生死簿。

见《西游记》第三回。旧时关中皮影戏，因容易变换，速度快，多演孙悟空剧目。

《闹天宫》

玉帝因孙悟空神通广大，拟赐官爵加以羁縻，封其为"齐天大圣"，使管桃园。悟空乃将园中仙桃尽情受用。王母设蟠桃宴，未邀悟空，悟空乃偷吃仙桃，盗御酒，又入兜率宫盗食老君金丹，径回花果山。玉帝怒遣李天王（李靖）率十万神兵前往擒拿，反为悟空所败。

见《西游记》第四至六回、《孤本元明杂剧·二郎神锁齐天大圣》及《升平宝筏》。西安易俗社、五一剧团、陕西省戏曲研究院等均有演出。

孙悟空

秦广王

天王李靖

玉　帝

天　将

二郎神（杨　戬）

《十八罗汉斗悟空》

　　玉帝差十万神兵捉孙悟空，仍非悟空之敌，乃调二郎神助战。太上老君用金钢琢打倒悟空，擒之上天，刀砍斧凿，俱不能伤，乃放入老君炼丹炉中烧炼。悟空乘间跳出，大反天宫。如来遣十八罗汉与之酣斗。

　　略见《西游记》第五至七回。20世纪80年代西安五一剧团胡小毛、王成民、李振西等武行演出颇佳，创新纪录。

长眉罗汉

降龙罗汉

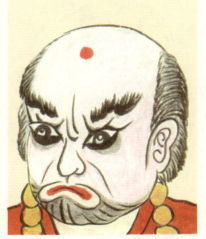
伏虎罗汉

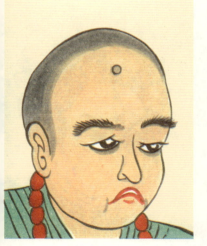
护寺罗汉

长腿罗汉

短腿罗汉

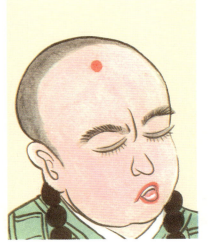
睡罗汉

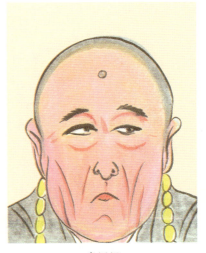
瘦罗汉

胖罗汉

长臂罗汉

短臂罗汉

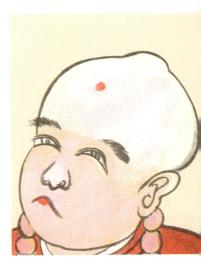
醉罗汉

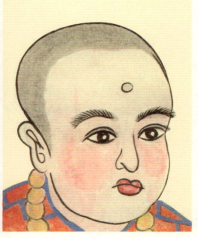
面善罗汉

面恶罗汉

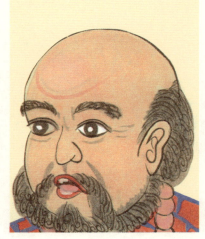
创经罗汉

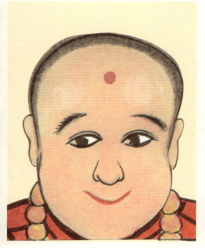
理经罗汉

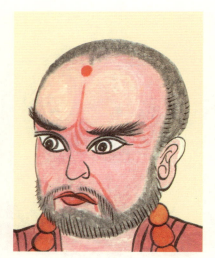
护经罗汉

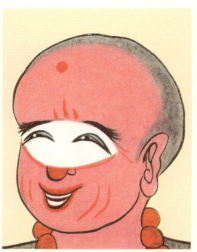
撞钟罗汉

秦腔历代故事戏脸谱

《唐王游地狱》

唐太宗李世民因魏征梦斩泾河龙王,入冥对勘,遍游地狱。幸判官崔珏暗改生死簿,太宗得以还魂。

见《西游记》第九至十一回及《唐太宗入冥记》。李步林、西府班长秦鸿魁均擅演。

判官崔珏　　判子　　冥役　　泾河龙王

《十万金》

　　刘全之妻李翠莲信佛，二鬼（张成、刘能）奉命勾魂误至其家。适因李翠莲因施舍僧人金钗，为刘全所责，欲自缢。二鬼遂勾之入地府，遍游地狱。

　　又名《大上吊·李翠莲上吊》。见《西游记》第十一回及《李翠莲施钗记》，唱本曾充斥长安市井。李甲宝、王化民、金言芝等均擅演。

《刘全进瓜》

　　唐太宗还魂后，出榜征求入冥进瓜使者。刘全因妻李（莲翠）自缢死，无生趣，往应征。至地府见十殿阎君，阎君致谢，欲使返还阳间。刘全以妻事告知，阎君一并将其放回。翠莲尸已坏，乃命借唐太宗妹玉英公主尸还魂。太宗知而以其妹配婚刘全。

　　见《西游记》第十二回，又见清人《钓鱼船》传奇。以上三出连演为《大上吊》之全本章戏。长安是唐朝都城，唐王信佛甚炽，影响及于民间。

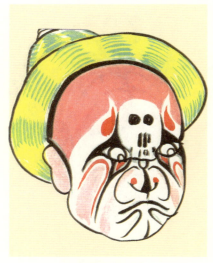

冥役（张　成）

冥役（刘　能）

五殿阎君

刘　全

《沙桥饯别》

唐太宗李世民得观音指点，欲遣高僧往西方佛国取经。陈玄奘应募，唐王认其为御弟，亲率臣僚往沙桥为其饯行。

见《西游记》第十二回。出《慈悲愿》传奇。陕西地方戏弦板腔、碗碗腔、阿宫腔及秦腔、眉户、线腔等小戏常演。

《五行山》

唐僧往西天取经，路经五行山，收孙悟空为徒，同往西天，路上擒魔荡寇。

见《西游记》第十三、十四回。谢新民曾演出。

《高老庄》

孙悟空保唐僧经乌斯藏、高老庄，因猪八戒幻化人形，强娶高女，孙降服之，同往西天。

一名《收悟能》。见《西游记》第十八、十九回。秦中灯影连台戏中一场。礼泉县弦板腔麦穗子常唱演。

观 音

高施主

唐 僧

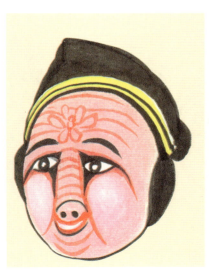
猪八戒

《黄风岭》

　　唐僧取经路经黄风岭，为黄风大王部下虎精摄去。孙悟空、猪八戒力杀虎精，但难胜黄风，乃请灵吉菩萨降妖，救出唐僧。

　　一名《定风岭》，见《西游记》第二十、二十一回。小戏连台常演于民间。

《黄袍怪》

　　唐僧经白骨山，尸魔化身欲食唐僧，被孙悟空识破打死。唐僧以孙悟空行凶，恨而逐之。唐僧前行又遇黄袍怪，被擒。幸黄袍怪之妻为宝象国百花公主，将唐僧释放。闻听宝象国公主被黄袍怪劫去，猪八戒自夸勇武往擒黄袍怪，反为所败。黄袍怪化身为人入朝，以法术诬唐僧为虎精。白马与黄袍怪相斗不敌，乃嘱八戒往花果山智激孙悟空前来降妖救师。

　　一名《宝象国》、《三打白骨精》。见《西游记》第二十七至三十一回。1978年古典戏恢复后，礼泉县剧团在西安西关红旗剧场演出此剧。戏是够水平的，但新手对该戏需要的"形象脸谱"不会勾画，多为胡乱涂抹且与服饰图案不能相衬映，失掉了秦腔地方艺术特色。

妖　婆

沙悟净

太上老君

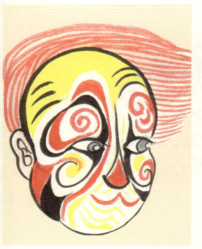
黄风怪

虎　精

宝象国王

《平顶山》

　　唐僧等经平顶山，太上老君之金、银二童子，化身为金角、银角二妖，计困孙悟空，摄去唐僧。孙悟空机智盗取妖所持之葫芦、幌金绳、芭蕉扇诸宝，除二妖之母狐精，收服了二妖。

　　一名《莲花洞》。见《西游记》第三十二至三十五回。

《车迟国》

　　唐僧等路经车迟国。虎力、鹿力、羊力三妖幻化道士迷惑国王，苦虐众僧。孙悟空救众僧，并在金殿斗法，卒除三妖。

　　见《西游记》第四十四至四十六回。

狐　精

车迟国国王

王灵官

黑　虎

《金峣洞》

　　唐僧、八戒、沙僧被太上老君之青牛千金峣洞幻化楼阁擒去。孙悟空与怪斗，金箍棒反被金钢琢套去。乃请李靖、哪吒、水火雷神及十八罗汉等降妖，仍不胜。最后请太上老君亲临，方将妖降伏。

　　见《西游记》第五十至五十二回。

《琵琶洞》

　　琵琶洞中蝎子精摄去唐僧逼婚，孙悟空、猪八戒与之斗，均被蜇伤。孙悟空请昴日鸡将蝎子精降伏。

　　见《西游记》第五十五回。小戏连台戏章节中一折。鸡啄蝎子、长虫等趣味热闹。

雷神

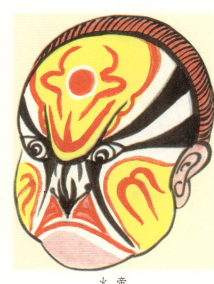
火帝

昴日鸡

蝎子精

《盗扇》

唐僧师徒路阻火焰山，孙悟空往铁扇公主处求芭蕉扇。铁扇公主为红孩儿之母，恨孙悟空从前伤其子而不予。孙设计盗扇去，不察为赝品；又往牛魔王处求借，牛亦不予；孙悟空又设计盗扇，与牛魔王酣战，最后降牛，得扇，扇熄火焰山。

一名《孙猴盗扇》，又名《叔嫂斗》。现易名《借扇》。见《西游记》第五十九至六十一回。

20世纪二三十年代扮孙悟空技高者属谢新民了。其特点是翻高岩巅，倒立四望（两椅合拢稳于桌，椅四腿无向），杂耍后唱垫板一句翻下，接扇板扬音翻小翻，见土地问境，大板叹声，功均佳。尤其是被铁扇扇后一连串之翻上跳桌转盘、按头过桌、落地滚瓜后快速地蹦子直立，被扇过山之表演确为当时秦坛独一无二之作了。

齐天大圣

牛魔王

铁扇公主

1936年冬曾为笔者亲授于长武县北郊戴岭益民社第四科，后因故离去，使学者皆为半成品，从未有实践于观众，回忆遗憾，真不堪回首之事！后来虽见长安王陶者、三意社之胡辅盛等演出，小巫见大巫罢了。

该戏在革新出新方面，杨通民教练从剧本舞蹈动作等方面下了很大工夫。在陕西省戏曲研究院扶持下，演员王化武、女武旦张培等精心排演。后该戏多次进京演出，获京剧名家张云溪等好评。近期这出戏曾赴云南、欧洲游览演出。

《狮驼岭》

唐僧等经狮驼岭，遇青狮、白象、大鹏阻路。孙悟空运用变化，破阴阳瓶，力降青狮、白象，后中大鹏之计，全体被擒。孙悟空逃出，请如来降伏三妖。

见《西游记》第七十四至七十七回。皮影连台戏之一。

青 狮

白 象

如 来

大 鹏

《无底洞》

　　唐僧被白鼠精摄去逼婚，孙悟空救唐僧，得而复失。后盗得供奉李靖之牌位，请天兵天将降妖，不胜；又请神猫神至，将鼠精擒获。

　　一名《唐僧取经》。见《西游记》第八十至八十三回。陕西省戏曲研究院一团1957年由樊小鱼、田安和、华启民、雷若兰、卫保善、黄权中、梁狄秋、张小斌、姚武育及笔者等演出于甘陕均受好评。樊小鱼之子樊军继承父技，擅演《戏妖》一场，并有所发展。

《九狮洞》

　　唐僧师徒至玉华州，郡王三子从孙悟空、猪八戒、沙僧习练法术。黄狮精盗去三人法器。孙悟空设计大闹豹头山，力败黄狮精，焚其山洞。黄狮精求救于师祖九头狮子。九头狮子率九狮与孙悟空斗。孙不能降伏，乃请元始天尊降妖。

　　一名《九头狮子》。见《西游记》第八十八、八十九回。

灰鼠精

猫精

猪八戒　唐玄奘

黄狮精

九头狮精

孙悟空　沙悟净

《金钱豹》

　　金钱豹占据红梅山，欲强娶乡绅邓洪之女。唐僧等寻宿，闻知其事，孙悟空、猪八戒分别幻化丫环及邓女捉豹。豹败，孙追之，豹设飞杈阵以困孙。孙悟空请天兵将降伏豹。

　　一名《红梅山》。不见《西游记》。陕西省戏曲研究院演员训练班在20世纪五六十年代由姚武育、樊小鱼、李兴训、任维成排演。该班为第七期学员在姚武育亲授下排演于80年代，有特技。

《金刀阵》

　　孙悟空取经后被封为斗战胜佛。因大鹏摆金刀阵，南极仙翁无计破阵，乃请孙悟空盗刀，大破金刀阵。

　　似略见《征西演义》。功夫戏之一，谢新民、李振武曾演出。

金钱豹

南极仙翁

猪八戒

夜叉

《孔雀屏》

　　隋代天官窦毅，为女窦太真（一名德娟）择婿，于围屏上画二孔雀，请求婚者各射二箭，射中雀目者中选。李渊与宇文化及、贺若弼、史万岁等均至较射。李渊射中二目，遂中选。宇文化及不服，窦毅乃以婢春鸿伪充次女嫁之。贺若弼伏兵拟抢亲，为李渊所败。李渊得与窦太真成亲。

　　略见《唐书·窦后传》。关中小戏传统章目之一。

《晋阳城》

　　隋文帝杨坚命杨忠率兵伐北齐。晋阳守将秦彝抵御，不敌。秦彝部将高阿古劝降，被秦彝怒斥。高阿古乘秦彝出战之时，竟献城。秦彝败，自刎殉国，其仆秦安乃保秦妻宁氏及子秦琼逃走。

　　一名《秦彝托孤》。见《隋唐演义》第四回及《说唐演义》第一回。

李　渊

隋文帝（杨　坚）

高阿古

宇文化及

《临潼山》

杨广拟夺李渊妻窦太真,李渊怒以棋盘击落其齿。李渊惧罪辞官,携眷回太原。杨广命韩擒虎、魏武腾追至长安东临潼山截击,韩、魏二人被李渊奚落,愧而自刎。李渊命家将李成葬埋二人起程。杨广又乔妆山寇,在临潼山前设伏邀击。正危急间,秦琼押解人犯经过,见状,乃助李渊,杀退杨广。后知杨广来历而惧逃。

一名《临潼山救驾》,又名《金刚庙》。见《隋唐演义》第四、五回,《说唐演义》第四回。袁克勤、郑生云、王益民(牛娃子)、赵云峰、阎更平、王集荣、姜望秦、王正民等擅演。笔者由名师李步林1936年冬亲授长武县,十六七岁时亦曾多次演出于甘肃灵台、泾川、镇原等地。

秦坛先辈有这样的顺口溜:"小生怯'三反',须生怕'三山'。"前者:《反冀州》、《反大同》、《反西凉》,后者:《临潼山》、《光武山》、《卖华山》。意思是若能将这些戏演好,那才是真正的行家。

秦琼

杨广太子

李渊

李成

《红拂传》

隋炀帝幸江都,留越公杨素监国。三原布衣李靖往见,说天下事。杨素喜,欲用之。杨府中歌伎张氏惯持红拂,见李靖心折,夜奔就之。李靖偕与同逃,路遇虬髯公张仲坚定交,并先后至太原见李世民。张仲坚见李世民英武,遂无意居国中,乃将家赀赠与李靖、红拂,飘然而去。

一名《风尘三侠》。见唐杜光庭《虬髯客传》、元人《风尘三侠》杂剧、明张凤翼《红拂记》传奇及《隋唐演义》第十六回。

汉中及高陵县化民社、三原县明正社(陕西省戏曲研究院老一团前身)以名旦马振华(号"万人迷",西安西大街人喊)、肖若兰、赵化俗、刘正民、冯盖民、刘化鹏等及笔者(扮李靖)演出。与《乐昌公主》合为全本《破镜重圆》或《重圆镜》。

宇文化及

杨素

《七雄闹花灯》

秦琼奉节度使唐璧之命与樊虎押送越国公杨素寿礼赴长安，路经少华山，遇齐国远剪径。又先后得逢王伯当、李如珪及柴绍，同往长安。公毕同游花灯，见宇文述之子宇文惠及强抢民女王婉儿。秦琼等怒抱不平，打死惠及恶徒。宇文成都追赶，众不敌，遇雄阔海。雄乃助秦琼等连夜逃出长安。

见《隋唐演义》第十六至十八回，《说唐演义》第十一至十三回，及《闹花灯》传奇。觉民社跑台常演出。

齐国远

杨广

宇文成都

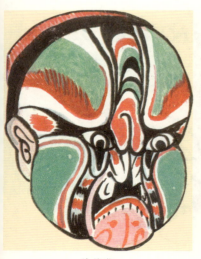
单雄信

樊虎

雄阔海

《南阳关》

伍建章死后，杨广为斩草除根计，乃遣大将韩擒虎往讨伍云召。韩擒虎不敌。宇文成都助攻，伍云召知非其敌，抱子突围而逃。朱灿假扮关帝庙中周仓吓退宇文成都，收养伍子。伍云召自投雄阔海处。

见《说唐演义》第十五至十九回，与《骂杨广》或连演或单演。名家闫春苓擅演。1940年益民社曾欲为笔者排导，后因其另组班乃罢。

《贾家楼》

单雄信广邀江湖好汉往贺秦琼母寿，路遇程咬金剪径，败之。咬金又遇罗成，亦为罗所败。众至贾家楼，咬金踵至，三十六人共同结拜。秦琼因皇杠被劫，追查不获，迭被追逼。程咬金挺身自承。徐勣设计，先嘱秦琼携皇杠往谒杨林，脱身事外，再暗嘱众人至瓦岗庄聚义。程咬金再劫皇杠被擒，杨林交唐璧勘审。众人劫牢反狱，反出山东。

又名《拜寿结义》或《劫皇杠》。见《说唐演义》第二十四至二十六回，益民社第四科曾为新生排演，但未演出而改排了《三盗九龙杯》。关中皮影戏存演。

朱 灿

程咬金

杨 林

唐 璧

《三家店》

　　杨林因程咬金、徐勣大反山东、聚义瓦岗，怒提秦琼至登州问罪。秦琼起解，宿三家店中，思母念友，不胜嗟叹，为差官王周所闻。王系罗艺养子，欲助秦。会史大奈奉徐勣命探望秦琼，乃与王周定计，由秦琼修书求救。

　　实名《秦琼起解》，与《卖娃丢银·卖马》、《打登州》等场连演，为全本戏之一。名家袁克勤杰作。礼泉王天培亦擅唱。

《麒麟阁》

　　秦琼被谗而不知，歌姬张紫烟盗令箭乔妆入营，以死激劝。秦琼毅然持箭诈出潼关，直奔瓦岗。杨林遭贺方追赶，为秦琼所杀。杨林又亲自追击，秦琼奋力抵挡，仍不能敌。赖王伯当等援救，同归瓦岗。

　　一名《三挡杨林》。出自清李玉《麒麟阁》传奇，又略见《说唐演义》第二十六、二十七回《九战魏文通》。与《打登州》单行。陇东名家常俊德（须生）、王正财（花脸）常演《镫打石雷》，剧情讲贺方派石雷追秦琼，秦逃，无兵器而用马镫击死石雷。

秦　琼

徐　勣

史大奈

贺　方

《金堤关》

　　隋炀帝杨广命兵部尚书丘瑞为帅，兵伐瓦岗。宇文化及次子宇文成龙为先行，兵至金堤关。瓦岗徐勣安排秦琼计擒宇文成龙，将其斩首，命王伯当将首级送至长安宇文化及处，并乘机接取丘瑞家眷至山。宇文化及怒，差人至营欲斩丘瑞。丘子丘福杀死钦差，丘瑞不得已投降瓦岗。

　　一名《收丘瑞》，又名《金镛关》。见《瓦岗庄》传奇及《说唐演义》第三十一回。西路秦腔常演剧目之一。

丘　瑞

宇文成龙

程咬金

杨　广

《惜惺惺》

渠稷、佛村二国乘李渊送隋炀帝未返，遭羽中枭、哈妈兆寿攻晋阳，建成、元吉不敌，乃激李元霸出战。哈妈兆寿与元霸较量，惺惺相惜，与元霸结为兄弟，并允罢兵。羽中枭知而怒斩哈妈兆寿。李元霸锤打羽中枭，将其撕为两半，为兆寿报仇。

不见《说唐演义》。关中弦板腔连台演。

《车轮战》

隋炀帝往江都赏花，路经四平山。曹州孟海公起义，纠合河北李子通、相州高谈圣、苏州沈法兴、瓦岗程咬金等十八路义兵阻截。宇文成都出战，李子通部将伍云召为先锋，与雄阔海、伍天锡轮战成都，成都力乏败走。

一名《紫金关》。见《说唐演义》第三十五回。

哈妈兆寿

李元霸

沈法兴　李　密　辛文礼

羽中枭

孟海公

李子通

《火烧裴元庆》

秦琼攻取临阳（江）关，尚师徒求援。虹霓关守将辛文礼来救，裴元庆大败之。辛文礼设计，预埋火药于坠庆山，诱裴入，纵火将其烧死。秦琼带病斩辛文礼报仇。

一名《绝虎岭》，亦名《金堤关》。见《说唐演义》第三十九回。有与《三盗呼雷豹》连演者，总名《虹霓关》。西安易俗社新秀郭军等演出。

《东岭关》

秦琼进攻东岭关，守将杨义臣父子六人设铜旗阵相拒，并修书请燕山元帅罗艺助战。罗艺遣子罗成前往。罗成之母为秦琼姑母，嘱子暗助秦琼。罗成依言，先与瓦岗定内应之计，后见杨义臣。杨重用之，命守铜旗。秦琼入阵，得罗成之助，以铜打倒铜旗。杨义臣挥众围困，罗成反戈，力杀杨氏五子。杨义臣自刎，瓦岗进占东岭关。

一名《铜旗阵》，又名《破铜旗》。见《说唐演义》第三十九、四十回。赵云峰、韩崇喜、董育生（号梅老四）、梁德旗、安德恭、刘金山等常演出。

杨义臣

裴元庆

罗艺

《紫金关》

李元霸在紫金关拦截李密、王世充、窦建德等，勒逼献出降书。归途遇雷，元霸恨天殛己，怒抛双锤击天。锤落下，将李自己砸死。

《四平山》中之一折。见《说唐》第四十三回。李应才（恩娃子）演出。

《美良川》

刘武周遣大将尉迟恭伐李渊，李渊遣李世民率诸将御之。李世民与程咬金夜探白壁关，尉迟恭见而突出，欲伤李世民。程咬金急回报，秦琼急往救援。秦琼与尉迟较力，尉迟击秦三鞭，秦回其两锏，尉迟呕血。

又名《美良川鞭对锏》或《白壁关》。见《隋唐演义》，《说唐演义》第四十六回，《大唐秦王词话》第二十九、三十回。亦多挂牌为《米粮川》。韩崇喜、张建民1946年曾演于渭南等地。最佳者莫过于梁德旗、董育生、李步林。韩娃子、李公印、张俗民（后为志锋）等亦有建树。

刘武周

李元霸

尉迟恭

秦　琼

《锁五龙》

王世充累败,单雄信独骑闯入唐营死战,被尉迟恭擒住。李世民苦劝单降,不从,不得已将其绑赴法场。行刑前瓦岗旧友如徐勣、罗成、程咬金等皆往生祭,单决心赴死。

亦名《斩单童·雄信踹唐营》。见《说唐》第五十六、五十七回及《大唐秦王词语》第四十四回。全本尚有罗成力擒窦建德、王世充、李子通、孟海公等五王,故名"五龙"。后盛行只演斩单一折。

《御果园》

李世民班师,李渊封赏将士,至尉迟恭,建成、元吉进谗,指尉迟单鞭夺槊、赤身救驾之功为假冒。李渊命在御果园重行演习。时届隆冬,尉迟得李靖之助,服药后竟不畏冷,比武时反将欲加害李世民之黄壮打死。

一名《尉迟救驾》。见元尚仲贤《三夺槊》杂剧、《投唐记》传奇、《说唐演义》第五十八回及《大唐秦王词话》第三十八、三十九回。

单雄信　程咬金

褚遂良

黄　壮

《白良关》

唐太宗征北，秦琼为帅，尉迟恭为先锋。发兵前尉迟得梦"破镜重圆"，军师徐勣详梦，告系骨肉重逢之兆，尉迟不信。兵至白良关，守将刘国桢出战，被尉迟钢鞭所伤。刘子宝林出，与尉迟交锋不分胜负。宝林归告母梅秀英，得知尉迟为其父。尉迟铸雌雄鞭，以一留家，从军。梅为刘国桢霸占。宝林急出会尉迟，证以双鞭。父子相认，杀死刘国桢。梅氏自缢。

一名《雌雄鞭》，又名《父子会》。见元人《小尉迟认父》杂剧（但刘国桢作刘季真，系刘武周之子，地在沙陀）及《罗通扫北全传》第二回。

《翠花宫打架》

秦琼既死，徐勣、尉迟恭、程咬金皆往吊祭。猜想张士贵妹翠花宫妃张金定亦必来吊，众人乃与秦妻订计，故不加礼，触怒张金定。张妃与秦妻殴打，秦妻辱之，程咬金又故作调停（拉偏架），金定受辱而去。

咸阳益民社四科和二科名旦贾玉华、关全民、张启华等在老教练白桂寿、杜养民亲授下演出，很受欢迎。

刘国桢

宝林

《风火山》

盖苏文向唐朝递战表，秦琼与尉迟恭争帅印，举石狮伤力。张士贵奉旨招军，薛仁贵别窑往投，张嫉而不纳。薛借宿樊家庄，适风火山上姜兴霸、姜兴本、李庆红欲强娶樊洪之女秀花，薛力擒姜、李，樊将女许婚与薛。薛与姜、李二次投军，再次被逐。遇程咬金为虎所困，薛打虎救之，程赠令箭，始得投军。尉迟取帅印领兵东征，至天盖山，薛仁贵阵斩董达。

见《永乐大典·薛仁贵征辽事略》、《征东全传》第一至十一回，中又加"取帅印"情节。

盖苏文

唐太宗（李世民）

《凤凰山》

唐将马三保随军东征，奉命探凤凰山，被守半盖贤谟所擒，劝降不从，被剁去四肢，幸尉迟至而得救，但马因伤重自杀。

有《麒麟山》写内奸张尔松通敌害马三保及其子马继武（笔者曾扮）、马继能使其父子三人被困麒麟山事。已故名家王集荣扮演之马三保（红脸绿穿），以唱、动应工，不然很难将戏拿下来！

铁勒金牙

马三保

《独木关》

　　薛仁贵累战立奇功，皆被张士贵冒去，于月夜在山神庙前对月长叹，被尉迟恭看见。薛因惊致病。兵至独木关，守将安殿宝连败唐将，且擒去张士贵之子志龙及婿何宗宪，张士贵不已至薛仁贵病榻前求告。薛扶病出战，枪挑安殿宝。

　　一名《薛礼叹月》，又名《薛仁贵病挑安殿宝》。见《征东全传》第二十二至二十四回及《白袍记》传奇。有时与《访白袍》连演。

　　先辈李应才扮尉迟唱功动作均有特色。扮薛仁贵者闫春苓、杨安民、解新民及笔者，各具特色。闫武戏文作，演出了贫武生之刚柔特色。笔者受其亲授于1930年。杨安民扮相、身段、动作、表情把一个少年将军的虎姿雄风表现得比较完美。谢新民虽扮相稍逊，但其"四功"俱佳，能将戏唱起来，西安回族同胞很欣赏他。

安殿宝

薛仁贵　张士贵

《三江越虎城》

辽将盖苏文困唐太宗于越虎城,程咬金回朝求救。罗通、秦怀玉领兵救驾。尉迟恭忌恨取帅印时被怀玉殴打之事,故意使其力杀四门。罗通助怀玉击败盖苏文。

一名《杀四门》。见《征东全传》第二十五至二十七回。唱功生角重头戏。笔者擅演戏之一。以上演《独木关》薛仁贵之几位演员演秦怀玉皆杰出。

《淤泥河》

唐太宗出猎,遇盖苏文,大惊而逃,不料马蹄陷入淤泥河中。盖苏文逼太宗写降表,薛仁贵突至,力败盖苏文,救太宗脱险。

一名《一杆枪挑起两盘龙》。又名《马踏淤泥河》。见《征东全传》第二十九回。小戏有与《凤凰山》连演者。20世纪30年代名家王景科被称"活苏文",吴治中配演唐王。马裕斌亦演出。赵文国有王景科之亲授。

盖苏文

罗通　秦怀玉

《摩天岭》

薛仁贵挂帅，进攻摩天岭。守将猩猩胆、红慢慢等勇悍，恃山路险要拒之。薛不能破，乃乔妆士卒上山，遇卖弓之毛子贞，杀之，冒充其子，得会周文、周武结拜。夜间说服二人以为内应，箭伤猩猩胆，杀红慢慢，大破摩天岭。

一名《卖弓计》，又名《杀毛子贞》。见《征东全传》第三十二、三十三回。

秦坛演此剧目者虽众，皆不如名家张新华儿时扮的薛礼与汤秉忠扮演之红慢慢了。笔者1937年春，幸遇光武剧团同事巡演渭北各地。受张新华之亲授后，首次实践演出于西安西关（现红旗剧场，当时在泾阳民声社后），亦获得好评。

红慢慢

薛仁贵　猩猩胆

《汾河湾》

　　薛仁贵投军后,其妻柳迎春生子薛丁山。丁山长成后每日打雁养亲。薛仁贵功成封爵,回里探亲,行至汾河湾,恰遇丁山打雁,惊讶其箭法。会有猛虎突至,薛恐伤之,急发袖箭,不料误伤丁山。薛遂逃去。至寒窑,夫妻相会,历述别后情景。薛忽见床下有男鞋,疑妻不贞。柳说明系己子丁山所穿,薛始恍然大悟。欲见丁山,始知其已被自己射死。夫妻悲伤不已。

　　又名《柳家坡》或《打雁扎鱼》。见《征东全传》第四十一回。1933年耿善民、高付中演出于西安易俗社。当时是在一个中午演出,最后押轴戏是《铁公鸡》。高与耿之《柳家坡》是当时之"新派",很是不俗。笔者是台上看的,今之落笔犹历历在目!1931年名家赵云峰、李广华以全本演出于泾阳石桥,戏路和词挪用晋剧的,生活气息很是浓郁,演出不俗!要说比较,赵和李、耿及高,各有千秋。笔者扮丁山。

柳迎春　　　　　　　　　　薛仁贵

《金水桥》

唐驸马秦怀玉出征,其子秦英有勇力,在金水桥钓鱼。詹妃之父詹国丈招摇过桥,将鱼惊散,反责秦英阻道。秦英怒而将詹打死。詹妃哭诉于太宗。太宗女银屏公主绑秦英上殿,太宗欲斩秦英。公主代秦家表功,詹妃又坚代父雪冤,互相辩难。长孙皇后出而转圜,令公主向詹妃赔礼,加之秦怀玉被困,太宗命秦英出征,救父赎罪。

又名《乾坤带·秦英征西》或《哭殿·三哭殿》。演钓鱼一场有扭詹国丈腿和秦英带囚礅之表演,后本戏不见在关中出现。陇东较泛,演全本。董化责、余巧云,新秀刘棣华、李爱云、康正俗、金言芝等擅演。

詹国丈　秦英　院子

《西唐传》

　　皇叔李道宗因舅兄张士贵冒薛仁贵之功被斩，心恨薛，设计矫旨诓薛入都，用酒灌醉，抬入其妹（公主）宫中。公主羞愤自尽，李乘机诬薛仁贵恃酒强暴。唐太宗怒，欲斩薛。尉迟恭保奏不准，怒打李道宗；再求情不允，撞死宫门。徐勣回朝，代薛辩冤。适西凉送来战表，唐太宗乃命薛仁贵为帅征西。

　　一名《敬德装疯》。略见《征西全传》第一至七回。

　　　李道宗　　　　　　　　　　　尉迟恭

《界牌关》

　　唐太宗征西，秦怀玉挂帅，兵至界牌关，守将苏宝童用镖打伤秦怀玉。罗通出战，战败苏宝童。苏部将王伯超出战，罗以其年老轻之。王伯超用车轮战法，乘罗不防，以枪刺穿罗腹，肠流肚外。罗通忍疼托肠奋战，其子罗章助战，刺死王伯超。

　　一名《盘肠战》，又名《戳肠子》。见《征西演义》第十九、二十回。京剧名家张孝亭亲授杨安民及笔者于1932年、1934年，演出于甘陕各地。西安易俗社刘幼民亦杰出。新秀杨斌善扮罗通功夫超前，无论是由低处翻高上桌，还是走三二十个旋子或翻、跌、扑、腾、大睡觉等皆妙。但人的肠子已流肚外，实属卖弄技巧。

王伯超　　苏宝童

罗　通

《马上缘》

　　薛仁贵兵至樊江关，守将樊洪二子樊龙、樊虎出战，均为薛丁山所伤。樊女梨花愤而连败窦仙童、陈金定及薛金莲。丁山再出，樊梨花一见钟情，诈败引丁山至旷野，欲以终身相托，被丁山拒绝。樊施法术困之，丁山不得已允婚。

　　见《征西全传》第二十九、三十回。原名《樊江关》。本有《马上缘》系叙罗成与窦线娘缔婚事，后失传，讹以其名冠此剧上。实属《三休樊梨花》全本内之重点一场戏。

　　正俗社肖正惠、刘正平、马正超、王玉润皆擅演。1946年夏由名须生王化民（西安东大街人，满族）扮演该剧之薛东僚（号"红荅"）而红极。他和名旦刘文华，连笔者亦在内，联袂演出于宝鸡虢镇、岐山、凤翔等地。因我们正属演戏黄金之时，农村庙会写约络绎不绝。

薛东僚

樊龙

樊梨花

薛丁山

《金牛关》

樊梨花挂帅征金牛关。守将朱崖炼就神臂金光,其妻金丸夫人及青狮、黑虎助之,擒去薛丁山及罗章。刁月娥、窦仙童擒获青狮、黑虎欲斩,为文殊、赵玄坛索去。朱崖部下沃利为狱官,私降丁山。秦汉、窦一虎入关盗取诛仙剑,窦被擒,秦盗剑而逃。朱崖火烧窦一虎,被王禅救去。朱崖又掳少女赵芙蓉逼婚,赵父已虚欲自尽,被秦汉解救,与丁山、沃利定计,令赵芙蓉假意允婚,灌醉朱崖,丁山、罗章乔妆其女伴,盗剑刺死朱崖,大破金牛关。金丸夫人被围,樊梨花劝降,金丸不从自刎。

见《征西演义》第五十五至五十八回。

青狮

朱崖

黑虎

《九锡宫》

　　张士贵之子张天左、张天右为相，私自操练禁兵，遇薛丁山之子薛刚、程咬金之孙程万牛。二人痛殴天左、天右。唐王怒，欲斩丁山父子。时程咬金已封王爵，住九锡宫，闻而骑驴上殿谏奏，斥责二张，唐王不得已赦免薛氏父子。二张不甘，设计谋害咬金，又为咬金所闻，在唐王前状告二人。唐王责二张向程赔礼。

　　见《薛家将反唐全传》第六、七回。老丑卖功卖嘴戏之一。阎皮擅演，后杨兴卜亦杰出。已失传。

《闹花灯》

　　薛丁山平西还朝，因第三子薛刚性暴劣，令与次子薛猛同镇阳和，禁使入都。元宵节薛刚入都省亲，醉后出府观灯，遇奸相张天左之子张泰忏。泰忏令家丁殴打薛刚。薛刚大闹花灯，误踢死皇子，伤人无数，逃出都城。

　　见《薛家将反唐全传》第十至十二回。陕西省戏曲研究院一团1957年由京剧教练张富友排导，华启民扮薛刚，童艺民、笔者先后扮薛猛及宋廉。

程万牛

薛刚

《法场换子》

薛猛夫妻被逮至都，武后传旨斩首。徐勋后人徐策不忍薛氏绝后，乃与己妻商定，乘赴法场祭奠之时，以己子金斗暗中调换薛猛之子薛蛟，携归抚养。

一名《祭奠救孤》。见《薛家将反唐全传》第十六回。阎更平、王惠芳联袂演出。后有宁夏吴中市秦剧团芭益民（由笔者供给了脚本）演出。

以上《闹花灯》、《法场换子》与《举鼎观画》、《徐策跑城》连演为《薛刚反唐》本戏（《铁丘坟》以暗场处理）。系引进周信芳之技充实秦腔。

张 龙

薛 奎

《扬州擂》

栾一万聘朱龙、朱虎、朱豹、朱彪四人摆设擂台，伤骆宏勋之表弟徐松朋。骆宏勋、余千与之角力，连败朱龙、朱虎，但为朱彪所伤。龙潭镇鲍赐安父女至，鲍赐安打仗伤朱彪，鲍金花踢瞎朱豹。

一名《骆宏勋打擂》，又名《火流球》。见《绿牡丹》第三十六至四十回。

20世纪30年代本地二黄与秦腔班（术语："风交雪"），在西安西城门内南马道巷子一号（顺城墙）。据先辈们说，该班秦腔德字辈演员，如田德年、梁德孝、梁德旗、贾德善等，尽是好角，就王德义是个"竹根"，但其有领戏组班才能。他的女儿王桂玉比孟遏云早五六年，是第一位秦腔女伶演员。其婿刘青华，有舞"火流球"（晚间）和"水流球"（白天）之特技，当时红极一时。后演此目较火。1954年秋，笔者曾应女伶王兰玉之约配演于实验剧团。

栾一万　骆宏勋

鲍赐安

《嘉兴府》

　　王伦仗父荫得官嘉兴，鲍赐安得知，乃命骆宏勋、濮天鹏等前往探听。骆宏勋因浪子梅滔诬害其婶梅修氏孀妇有私生子，怒殴之。梅滔控于官府，骆大闹公堂。濮天鹏行刺王伦被捉。鲍赐安亲入嘉兴，救出濮天鹏等。

　　见《绿牡丹》第二十九至三十三回。内容有异。咸阳益民社四科1940年秋由京剧名家李云亭（号大娃子，其弟兄三人均演京剧）排导演出于西府各市县。西安三意社由名家闫春苓排导于1941年冬，参演者有杜永泉、何俊民、周辅国等。闫春苓扮鲍赐安，笔者扮骆宏勋，大二马快由吴立民、王学敏扮演。陕西省戏曲研究院二团以胡正友、张全仁、吕兴旺、苏少峰、高云龙等演出于20世纪50年代，在西安声誉颇佳。该院演员训练班为给新生练基本功，由京剧教师张学义排导于1983年，笔者为新生画脸。此目一般学生班过去都演。

濮天鹏

大马快

《巴骆和》

骆宏勋被救出后，鲍赐安纠合花振芳、肖月、胡琏、胡理等至巴九庄，为巴、骆两家讲和。巴妻马金定不从，鲍等苦劝，马佯允，要骆孝服祭其子，预伏巴氏弟兄于灵帏。幸胡理有备，救宏勋脱险。鲍再苦劝，令骆宏勋认巴信夫妇为义父母，始释仇怨。

见《绿牡丹》第五十三回。常与《刺巴杰》连演。新汉社王新虎、赵新启、李新杰、魏新全等及猛进剧团晋剧武行搭秦班常演出。

肖 月

《白叮本》

　　武则天为帝，宠信佞臣张昌宗，封其为妃嫔，使其男扮女装出入。宰相狄仁杰上朝回府时，在端午门见张女装，怒打张昌宗。宫监急报武则天。武则天传旨赦免，狄抗旨不遵。张昌宗入宫哭诉，武则天慰之，诫其勿触犯狄仁杰。

　　见《唐书·狄仁杰传》。是《白叮本》程咬金与狄仁杰和武则天叮完本后之第二场戏。程咬金一角丑行和花脸行均有应工演唱的。又名《鸡家山》。笔者儿时曾扮演该剧中之武成东，词少，动打属老成式套子。名家田德年、张建民、梁德旗、李怀坤、杨卜喜、杨宏声、赵文国、李应才等常演。

狄仁杰

程咬金

《粉妆楼》

　　罗成后裔罗增之二子罗灿、罗焜,义结胡奎,游满春园,因救难女祁巧云,与权奸沈谦之子廷芳结怨。沈谦谗害罗增,罗全家逃亡。罗焜未婚妻柏玉霜,因继母侯氏欲将其改婚内侄侯登,亦逃出,历经险阻,误入沈廷芳府中,在粉妆楼拒暴打死廷芳。罗焜、胡奎聚义鸡爪山,除奸雪冤。

　　一名《满春园》。1937年秋由兴平县小戏名家崔山岗说词,李步林、晁天民、陈来民(后改唤西秦)、左正华排导于长武(咸阳益民社),为《粉妆楼》前后两本。陈西秦扮胡奎(旧有此目"卖头"一折),左正华扮祁巧云,徐振国扮沈谦(现在青海西宁市),李正华扮玉霜母,笔者前本扮罗焜,后本扮白铁刀。由往返甘陕之回族武术界马青山亲授笔者双刀破枪、三节棍、单刀枪、散打,演出中于戏增色不少。

沈　谦

胡　奎

《李白醉写黑蛮》

李白入京应试，因未肯贿赂主试官杨国忠及高力士而落榜。后有黑蛮国以蛮文上表唐玄宗，满朝无识者。贺知章荐李白宣读蛮书，一字不讹。玄宗又命其草诏以宣国威，李白乃请旨命杨国忠磨墨，高力士脱靴，以泄被屈抑之愤。

一名《醉写》，又名《退蛮书》。见明屠隆《彩毫记》传奇、《警世通言》卷九，《今古奇观》第六回《李谪仙醉草吓蛮书》及《隋唐演义》第八十至八十二回。

名家李步林杰作之一。白菜红（卖菜弃担学艺走红）、康正俗亦常演出。益民社王正民受传于李步林，口才佳，演得炽。

《金马门》

李白草诏后，名动长安，终日徜徉酒楼。一日同贺知章游金马门遇杨贵妃义儿安禄山招摇过门，李白乃佯醉加以痛骂，安禄山避道而行。

见清尤侗《清平调》传奇。

杨国忠

李白

高力士

安禄山

黑蛮使者

李林甫

《少华山》

殷照磨以女碧莲许婚右都御史臧景春之子臧润和，碧莲不愿，求父携其逃出潼关。路经少华山，被盗首袁龙劫上山庄，父女失散。袁强令碧莲与书生倪俊成婚。倪俊因已订婚，无意再娶，在洞房中终夜烤火，坐以待旦。碧莲感动，求其援手。天明倪俊携碧莲辞袁龙下山，袁龙赐富贵图一帧而别。

《富贵图》中一折，亦名《少华山烤火》。同州梆子白岳艳演出后传授与徐少华等。

《钟馗嫁妹》

钟馗与同里杜平入京赴试，钟馗误入鬼窟，面容变得丑陋，因此落第，愤而自杀。天帝见怜，封其为斩祟之神。因感杜平埋其尸骨，乃回家以妹嫁杜平，并亲率小鬼亲送往杜家。

见《孤本元明杂剧·市钟馗》及张心其《天下乐》传奇。李云亭传授，高学民（六存）曾演出，以舞动见长。

钟 馗

殷碧莲　倪俊

袁 龙

《打金枝》

汾阳王郭子仪八旬寿辰，七子八婿登堂拜祝。三子郭暧所娶唐肃宗之女昇平公主恃贵未到，郭暧怒而殴之。公主愤而回宫向父母哭诉，郭子仪亦绑子上殿请罪。肃宗以郭功高，且儿女事非朝廷所应干预，反晋暧之官爵，并与皇后劝和郭暧夫妻。

一名《大拜寿》、《满床笏》、《百寿图》。见唐赵璘《因话录》，《三多记》传奇及《隋唐演义》第九十九回。名家梁德旗、田德年、王益民、王文鹏、何家彦、肖奋和、王金良、金言芝以及后来女伶肖若兰、苏玉琴、苏蕊娥、王桂玉、余巧云、郭明霞、张新华等擅演。本戏第四出亦属笔者儿时开蒙章目（扮郭暧）。

郭子仪

昇平公主（金 枝）　郭 暧

《凤凰楼》

郭暧娶昇平公主，生女琼珠，勇武而喜扮男装。吐蕃入侵，郭子仪挂帅率郭暧出征。值荒年，琼珠路见饥民欲烹食书生赵珏，救之。宰相卢杞为妾凤姨演戏，银被义盗云里手窃去。赵珏遇卢女渊珠，心羡之，为卢仆所辱，云里手救之。武官何晏为女含珠选婿，选中赵珏，并招抚云里手。凤姨见赵珏美，计骗入相府，逼与苟且。赵珏逃走，误入渊珠之凤凰楼，渊珠怜而藏之。时赵珏已中式，报录人遍寻不见，琼珠疑卢杞陷害，乃往相府于楼中搜出赵珏，面君，奉旨以含珠、渊珠赐婚。旋命赵往华阴赈济，卢杞暗使匠人伪以赝银（铅）予之，诬陷赵何二人通同作弊，下刑部勘审。云里手怒至公堂代申冤抑，不听。渊珠在府闻赵问斩，忧急自尽，被云里手救下，偕逃，并伴其探监。含珠亦入监代父。渊珠乔妆赵珏，催促珏与何逃，自留监中。卢杞监斩，见犯人改为渊珠，大惊。琼珠至法场，误将渊珠抢去。郭子仪班师回朝，重加审勘，案乃大白，卢杞负罪。卢渊珠、何含珠、郭琼珠同婚赵珏。

土谷浑

卢杞

义盗云里手

赵锦棠　朱春登

《牧羊卷》

　　西地黄龙造反，青年朱春登替叔父从征，由婶母内侄宋成伴送。宋成垂涎朱春登妻赵锦棠，中途暗害春登未成，回来谎报春登战死。朱婶母谋占长房家财，逼赵锦棠改嫁宋成。锦棠不从，备受折磨。朱婶母又将锦棠婆媳赶至荒山牧羊。朱春登立功，封侯归乡，听婶娘言母妻皆故，痛去坟台哭祭，舍饭七日。适锦棠婆媳乞讨至此，朱春登唤锦棠进席棚问话。因锦棠左手上有朱砂痕，母子夫妻相认，骨肉团圆。

　　一名《朱砂志》、《郭元帅拨壮丁、朱春登放饭、双槐树、黄龙造反、征西地》。见《牧羊宝卷》。关中西部及甘肃多演全本，在关中及西北凡有秦腔班社者演此剧目均甚火。笔者十七八岁时曾在前半本扮朱春登。

巡风官

宋　成　　　　　　朱门宋氏

黄　龙

《霍小玉》

　　霍天官庶女小玉，母子不容于家，卜居长安。小玉喜诵才人李益诗。李益赴试入都，托媒婆波鲍十娘访求淑女。鲍持小玉画像撮合，二人成婚。李益母为李另订卢氏女，李慕卢财，佯称母病，别小玉回家另娶。小玉思念成病，李表兄崔生泄真情，小玉悲痛欲绝。其婢浣纱持紫钗至李家以卖钗为名，打动卢氏。卢劝李纳小玉，李益不允。事被大侠黄衫客所知，强李至小玉家。小玉已垂危，李益欲写休书，小玉气愤昏绝。黄衫客怒欲杀李益，小玉代求免，终因气病而死。

　　一名《黄衫客》。见唐蒋防《霍小玉传》、明汤显祖《紫钗记》传奇，情节不尽同。

黄衫客

《郑元和贪恋李亚仙》

　　常州刺史郑儋之子元和入都应试，游曲江池，遇名妓李亚仙，遂同欢洽，金尽，被鸨母赶出，沦落乞丐。郑儋因事入都，怒子不肖，杖之气绝，弃尸而去。李亚仙不见元和，暗以珠宝缝绣襦中，脱籍于妓寮，遍访元和。见尸，救之复苏，劝苦读。元和恋其双目，用心不专，亚仙刺目以激之。元和发奋攻读，中式后谒父。郑儋感亚仙之义，允许成婚。

　　一名《绣襦记》或《烟花镜》。见唐白行简《李娃传》、元石君宝《李亚仙花酒曲江池》杂剧及明郑若庸《绣襦记》传奇。20世纪50年代陕西省戏曲研究院院长黄俊耀新编《刺目劝学》，以女伶艺术家李瑞芳与新秀王斌领衔演出，后有华县剧团雷开元、魏赞成等亦演出，均受欢迎于关中。

《赶三关》

　　薛平贵被魏虎奸计陷于西凉，西凉王反以女代战公主婚赘。王死，薛继位。一日，有鸿雁代王宝钏赍血书飞至，平贵顿忆前情，乃灌醉公主，单骑逃国。代战追赶连过三关，追及。平贵哭诉前情。代战怜而允诺，并驻兵国境以备接应。

郑儋　郑元和

魏虎

三关老将（穆洪）

代战公主

《大登殿》

薛平贵得代战公主之助，攻进长安，自立为帝。封宝钏、代战及苏龙，斩魏虎。欲杀王允，经宝钏苦劝，始赦免。又迎请王母，共庆团圆。

见《龙凤金钗传》鼓词。自《彩楼配》至《大登殿》连演为《五典坡》前后本。近人有《红鬃烈马》小说，假托薛平贵为宣宗李忱之子，名李温。为秦坛名宿（秦腔正宗）李正敏、靖正恭（前本）、康正俗、王正廉、申正坤之发家戏。后有何振中、九龄童、余巧云、王玉琴、郭明霞、肖玉玲、杨凤兰，新秀张惠侠、苗改琴、李凤云、黄小丽等，虽有折本之分，但各见所长。笔者二十岁时与女伶杨醒花在泾阳县汉头洞二月二古会演出前本时，台下喝彩："气死靖正恭"（论靖不能演扎靠戏）。又有人问笔者："你是不是靖正恭教的学生？"我说："同台受其熏染。"再者是笔者十八岁时（1939年）于甘肃陇东当地老戏班演出该戏时，有代战公主将薛平贵擒拿之后，代战公主前夫朱贵昌战死，代战公主突坠马于地流产之情节，名叫"生晋王"。据老艺人说《沙陀国》一戏之李克用是番将朱贵昌和代战公主之子。此场不干平贵戏。

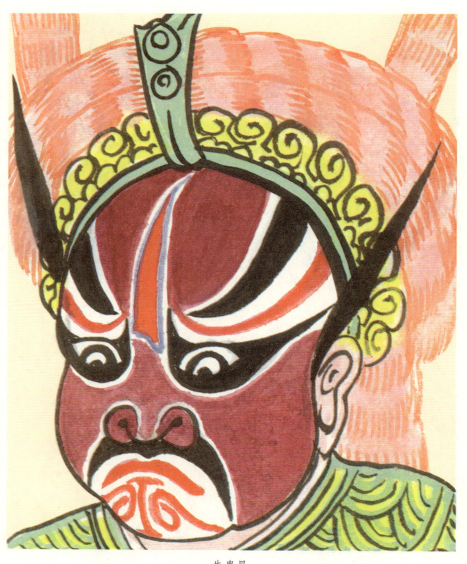

朱贵昌

《红娘》

　　洛阳张琪赴试，路经蒲东，入居古刹普救寺，遇故相崔珏女莺莺，一见钟情。孙飞虎兵变，围寺索莺莺。崔夫人许能退兵者以莺莺婚之。张琪使僧惠明遗书友人白马将军杜确，引兵解围。崔夫人悔约。张琪跳墙夜见莺莺，被责，忧愤成病。红娘忽引莺莺至，二人订情。夫人得知，责打红娘，红娘反诘其失信。崔夫人不得已，乃约张琪中式后成婚。

　　一名《西厢记》。见唐元稹《会真记》、金董解元《弦索西厢》、元王实甫《西厢记》及明李日华《南西厢》。关中乾县秀才范紫东先生编剧，易俗社宋尚华、肖润华、茹甲华、贾玉华等及尚友社屈振华、李易中、张新华、李爱云等演出，各有所长。

红娘　崔莺莺

张琪

惠明

严白虎

《人面桃花》

博陵书生崔护落第闲游，偶经杜曲村，口渴，见一家有桃花，叩门求饮，遇少女陶小春（实则杜宜春），互相倾慕。崔护友吴是仁疑其有邪行，假称崔父病，诓之回里。次年崔再至都，往访陶小春。桃花依旧，女则不在门中，乃题诗于门，惆怅而去。陶小春回家见诗，悔失交臂，思念成疾。崔护重来，知其死，求陶父许其抚尸大哭。陶父不忍拒，从之。陶小春闻崔哭声复活，二人结为夫妻。

一名《题门记》。见唐孟棨《本事诗》、元白朴《崔护谒浆》杂剧、明孟称舜《桃花人面》杂剧，又《题门记》传奇。陕西省戏曲研究院院长黄俊耀于20世纪50年代，依陕西东部地方皮影"碗碗腔"《金碗钗》搬上大戏舞台。蔡鹤汀、蔡鹤洲布景，马生彩、黄育英唱腔细腻幽雅，演员还有李瑞芳、王斌、王玉菊、袁安民、王景山、杨荣荣等。曾几次进京演出，受到首都各界及中央首长的好评。后来贺林扮演之崔护、杨荣荣饰之陶小春在唱腔上亦好。

陶小春　　　　　　　　崔护

《无双》

　　王仙客入都，投其舅尚书刘震。刘拟以女无双许婚。长安兵乱，姚令言反，刘震畏罪自杀，两家离散。王仙客遇旧仆塞鸿，始悉无双被掳入宫。欲救无计，求老侠古押衙。古定计，使无双假死，负之出宫与仙客重会。

　　一名《古押衙》。见唐薛调《刘无双传》及明陆采《明珠记》传奇，姚令言一作朱温。秦腔引入蒲剧《明珠记》，不经常演，民声社、觉民社曾排演。

《谢小娥》

　　豫章女谢小娥十四岁，父、夫均为盗所杀。小娥逃出，乞食访仇，梦父示兆"车中猴，门东草"，隐为申兰、申春二字。小娥乃乔装男子，入申家为仆。二年后灌醉二申，先杀申兰，后缚申春。仇既雪，小娥出家为尼。

　　见唐李公佐《谢小娥传》及明凌濛初《初刻拍案惊奇》第十九卷《谢小娥智擒船上盗》。清逸居士编。京剧四大名旦之一之尚小云为陕西省戏校校长时亲授于学员以提高素质，不常演。

姚令言

申　兰

《刀劈三关》

唐僖宗时,奸相郭章私通辽主羌洪。羌入犯,郭保荐大刀雷万春率三子镇守边关,于饯行时故于酒中下毒。雷中毒疾发,不能成行,乃命三子代其出征。长子一振、次子一胜皆阵亡。三子一鸣被羌女万花公主擒去,逼招驸马,三关失守。雷万春渐痊愈,郭章又矫旨赐雷死。雷欲自尽,忽悟其奸,于郭府前捕得辽邦之下书人。勘问得实,并搜得郭书,驰往三关援救,连战皆捷。力斩辽将金生里、银生里,擒获辽主羌洪,令与郭章对质,郭章认罪。万花公主又绑雷一鸣求和。

一名《雷万春》、《雷振海征北》或《斟马换将》。雷万春一角可依专工须生抹红脸扮演,若须生门不立可看专工花脸门!

郭 章

羌 洪

雷万春（须生扮）

雷万春（净角扮）

《雷打十恶》

张年有、段义仁骗化傅罗卜后，又有张三虐待其父，遇罗卜解劝赠银，张三反夺其父银；更有李氏因夫浪荡，拟将其毒死。雷部奉玉帝旨，雷殛四人，罗卜见而掩埋。

按所谓十恶，包括："一、不孝不义；二、不忠良；三、贪官污吏；四、谣言惑众；五、毒药害人；六、欺人盗贼；七、谋死亲夫；八、制使假银；九、刁唆赈压；十、作贱谷粮。非指十人。泾阳乔德福（号黄鼠狼）、孟老旦、王化民联袂演。

雷部

段义仁

张三　张年有　李氏

《祥梅寺》

唐僖宗时，祥梅寺僧了空因大殿油灯常被窃去，暗中窥伺。见二鬼偷油，出而质问。二鬼答以黄巢起义，首斩了空。了空大惧，会黄巢至，了空哀免。黄巢嘱其于起兵时隐匿，勿为部属搜得。黄既起兵，了空藏于树窟中。黄搜僧不得，斩树试刀，恰将了空杀死。

一名《在劫难逃》。净丑兼重，西路秦腔常演出。内容有歪曲农民起义成分。见《残唐五代史演义》第四回。

《珠帘寨》

黄巢起义，僖宗逃至美良川，遣程敬思至沙陀李克用处搬兵。李因曾受谪贬忌恨，不肯发兵。程复求李妻曹月娥、刘银屏，刘允起兵。李惧内，不敢阻止。军至珠帘寨，周德威阻路，众太保不敌。刘激李克用出战，不分胜负，乃比试箭法。李箭射双雕，周心服，降。

一名《沙陀国搬兵》。见《孤本元明杂剧·紫泥宣》及《残唐五代史演义》第七至第九回，秦腔《雅观楼》之一折，李应才等演出很火。

黄巢　　　　　　　　僖宗

程敬思　　　　　　　李克用

秦腔历代故事戏脸谱

《阅兵会》

　　李克用既得李存孝，欲拜为先锋，恐十二太保不服，乃定期阅兵，令众将与存孝比箭。康君利箭不中鹄，克用怒欲斩，周德威代为求赦，康怀恨而退。李存孝三箭皆中，并射柳条取锦袍，取得先锋印。

　　见《残唐五代演义》第十一回。实属《飞虎山》中之一折。

《雅观楼》

　　李克用与朱温会宴于雅观楼。黄巢部将孟觉海兵至，朱温知存孝病，故与克用以玉带为赌，且约定午时献俘，使存孝出战。存孝误擒他将，克用识出。存孝又擒孟觉海，归向朱温索带。朱不与，存孝怒夺玉带，朱、李从此生怨。

　　一名《生擒孟觉海》。见《压关楼》杂剧，《残唐五代史演义》第十四、十五回。《孤本元明杂剧》另有《雅观楼叠挂午时牌》与此故事相同，曲文不同。"雅观楼"一作"鸦馆楼"。

周德威

孟觉海

康君利（亦可丑扮）

《太平桥》

梁王朱温因晋王李克用驻军泥脱岗,命弟朱义请其至汴梁会宴。周德威识其奸,劝克用勿往。克用不听,偕程敬思及史敬思赴宴。朱温妻李氏,为唐公主,乘隙告李克用朱温伏兵欲加谋害。克用带醉而逃,城门紧闭。程敬思被火焚死,史敬思托闸,保克用逃出。朱温怒杀公主,追赶史敬思。史保克用至太平桥,牵马过桥,不意桥下预伏梁将卞应遂,突出刺之,伤其肚肠。史裹伤力战,杀死卞应遂,复挑梁将数员,终因伤重自刎。克用再逃,遇李存孝,击退朱温。

为全本《上元驿》中之一场。见《五代史》及《残唐五代史演义》第二十三回。秦坛西路老戏班社以《黄巢反唐》连演并普及陇东各市县乡镇庙会。

卞应遂

李存孝

《战潼台》

　　唐昭宗即位，邠州节度使王铎入京朝贺，归途为汴梁节度使朱温所劫，勒娶其儿媳（王子已聘沧州节度使岳彦真之女）。王惧朱势佯允之。朱温命弟朱义偕子友珍同往沧州抢亲。王铎部将养马卒刘智远，请令在八马岭出截，夺回岳女。朱温闻言，兵围潼台，又为刘智远所败。

　　又名《刘高抢亲》及《八马岭》，见《残唐五代史演义》第二十六、二十七回。

唐昭宗　　　　　　　　　刘智远